高度経済成長に挑んだ男たち

この国を変えた「発想」と「知恵」

小林吉弥
政治評論家

ビジネス社

まえがき ドラマチックな戦後復興の立て役者たち

この国には戦後の荒廃、経済の疲弊を尽くした時代があった。しかし、欧米からやがて「東洋の奇跡」と言われたように、高度経済成長によるまさに奇跡的な復活、再建を遂げた。苦しくはあったが、夢を抱けた時代でもあった。

そこには、日本人の勤勉性豊かな国民性の一方で、自らの信念、「選良」としての強い自覚、国民への責任感から、戦後復興へ向けて情熱を迸《ほとばし》らせ、死力を尽くした政治家群像があった。若き日の池田勇人《いけだはやと》、田中角栄《たなかかくえい》、大平正芳《おおひらまさよし》、宮沢喜一《みやざわきいち》、前尾繁三郎《まえおしげさぶろう》らであり、佐藤栄作《さとうえいさく》らの多士済々《たしせいせい》であった。その「発想」「知恵」、ことごとくいまの政治家とは異なっていたように思える。あの時代に彼らの存在なくして、今日の「経済大国」はなかった。まさに、戦後復興の立て役者と言ってよかったのである。

比べれば、戦後復興期と熟成期という時代の違いはあるにせよ、いまの政治家には信念、国民への責任感、政策へのチャレンジ意欲、そしてこの国の将来をどう描くかの構想力のどれ一つを取っても、総じて希薄のように見える。自己利益の追究が、まず窺《うかが》える。

併せて、政治家とは表裏一体であるはずの世界に冠たる官僚機構も、いささか変質しているように思える。政治家に強い主張はできなくとも、せめて客観性ある政治家との向かい合い方が望まれるが、そうした気迫も乏しくなったように見える。

筆者は佐藤栄作政権中期の昭和44年（1969）年から48年間の長きにわたって永田町取材に関わっているが、「政官」併せて国民と向かい合う姿勢が少なからず緩んでいることを実感している。一言で言えば、政治そのもの、あるいは政治家の劣化ということである。

本文中にも記したが、いま日本経済の行方が正念場を迎えていることは誰の目にも明らかである。「政官」が互いに静かなる火花を散らしつつ、共に一体となってスクラムを組めなければ、もはやかつてのような経済の再生、発展はないだろうと思っている。いまこそ、かつての立て役者たちからの、「温故知新《おんこちしん》」をということでもある。

そこで、小書ではそうした「政官」への奮起を願う意味も含め、あの時代の高度経済成長がどのような起伏の過程を辿《たど》ったか、政治家たちのドラマチックな動きを中心に検証してみた。併せて、戦後経済の成り立ちも、できるだけわかりやすく解説したつもりである。また、秘話、エピソードを多々入れ、たのしんでも頂けるように心懸けたつもりである。これからこの国の行方に思いを致し、まさに〝日本がいちばん燃えた日〟を思い起こして頂けたら幸いだ。

なお、本文中の敬称は敬して略させて頂いた。また、参考資料としての文献等については、本文中に出典を明記したものを除いて巻末に明記させて頂いた。

平成29年10月

小林吉弥

第一章●池田勇人の発想

第二章 ● 戦後との訣別

第三章 ● 爛熟期を迎えた高度経済成長

第四章 ● 台頭する田中角栄

第五章 ● 落日の「成長」

第一章

池田勇人の発想

1948年（昭和23年）1月22日、東京・新橋駅西口マーケットの様子。武装警官が強制捜索をした。
朝日新聞社／アマナイメージズ

「戦後経済立て直しのカギは税である」

「この戦争はもうダメだな。負ける。われわれがやらねばならんのは戦後をどう考えるか、復興に向けて経済をどう立て直すかだ」

時に44歳、大蔵省主税局国税第一課長の池田勇人はこう唐突に口を切った。前にいるのは、33歳、大蔵省の後輩で外資局総務課員だった大平正芳であった。大蔵省のある霞《かすみ》が関《せき》からほど近い、本省の課長クラスがよく出入りしていた料理屋の一室である。盃《さかずき》を一気に干すと、池田は言葉を継いだ。

「そこで大事なのは税ということだ。これが、経済立て直しのカギになる。じつはな、近々オレに東京財務局長の辞令がおりる。ついては、君を東京財務局関税部長に取りたいと思っている。是非、来い。これからは、税をやることだ」

大平は、突然の池田の話に面くらった。有無を言わさず、要は「オレの部下になれ」と言うのである。太平洋戦争真っ只中の、昭和18(1943)年晩夏であった。

折りから、真珠湾で戦端を開いてわずか半年足らずですでに東京がアメリカ陸軍機16機の初空襲を受け、間もなくミッドウェイ海戦で敗北、ニューギニア、ガダルカナル島、アッツ島での相次ぐ日本軍全滅と、太平洋戦争の敗色は歴然、先行きの厳しさを示していた。また、一方で言論統制、米穀配給通帳制の導入、外国郵便物の開封検閲、14歳以上の女子学生動員、女性の1日入営、女子挺身《ていしん》隊の創設など、国内の戦時体制はいよいよ怪しさを増していた。そしての、昭和20年8月15日の終戦を待つだけであった。

池田と大平の出会いは、それから4年前の昭和12年7月にさかのぼる。大平が横浜税務署長時代、池田がこれを監督、指導する東京税務監督局の直税部長時代に始まっている。

無骨、ガラッパチの池田は、口も腰も重く万事に慎重だが、一方で古今東西の本を読みまくっていたどこか知性を感じさせる大平に妙に親近感を持っていた。出会い以後、大平は池田にたびたび呼び出されては、池田の酒の相手をするという間柄になっていた。大蔵省で右に出る者なしとされた酒豪の池田に対し、下戸《げこ》の大平は「キリンレモン」や「三矢サイダー」を口にし、〝池田節〟に耳を傾けるのが常だったのである。

さて、「オレの部下になれ」と昇進ポストまで用意するという池田の申し出に、万事に慎重な大平は即答できなかった。じつは、無碍《むげ》に返事ができない理由《わけ》があった。

根が優しい大平は、前任のポストで貧困から学校に通えぬ優秀な学生のためにと、大日本育英会（現在の日本育英会の前身）設立に心血を注ぎ、その目途をつけたところでいまの外資局総務課員のポストを得たばかりであった。大平としては、まずはステップアップしたこのポストにも未練ありということだった。

　ちなみに、大平は東京帝国大学法学部卒揃《ぞろ》いの大蔵省の中で、東京商科大学（現・一橋大学）卒という省内の主流からはずれた傍流であった。京都帝国大学卒、なおかつ4年弱の休職期間を持つというハンディキャップを抱えた池田はまたまごうことなく傍流で、このあたりにも池田と大平の間には親近感があったと思われる。

　池田の申し出からこれ逡巡《しゅんじゅん》、頭を抱えること2カ月、大平はようやく腹を固めた。池田の部下たるを了とした。

　大平の決断の背景は、池田の言葉の中に昭和18年のこの時点で、早くも戦後のこの国の再建への情熱が込められていることをみたことにほかならなかった。大平の中には、大日本育英会設立に腐心したように、すでにわが身のポストのステップアップの思いはなく、戦後復興にかける思いが燃え上がっていたということであった。

「終生の友」前尾繁三郎の支え

　一方、池田には、大平とともに大蔵省でもう一人、心の許せる友がいた。3歳年下、前尾繁三郎であった。

池田はやがての首相退陣後、「首相になったときより、国税課長になったときが一番うれしかった」と述べているように、その主税局国税第一課長に決まった〝第一報〟をまず前尾に告げたことでも、二人の紐帯《ちょうたい》感、信頼感の度合いが知れた。時に、主税局経理課長だった池田は、日本が真珠湾攻撃を敢行した12月8日の翌日、前尾に電話を入れこう弾んだ声を届けたものだった。

「おい、こんどはいよいよ国税第一課長だ。なったんだ。ついになったぞ」

振り返れば、池田のこの国税第一課長就任が、その後のこの国の高度経済成長への伏線になるのである。

池田と前尾の関係は、互いに同じようなハンディキャップを抱えていたことも手伝い、互いに胸襟《きょうきん》を開ける間柄になっていたことから始まった。

池田は大蔵省に入ってわずか2年、当時、原因不明とされた全身から膿《うみ》が噴き出す「落《らく》葉性天疱瘡《ようせいてんぽうそう》」という難病にかかり、生死をさ迷う塗炭《とたん》の苦しみを味わった。3年余で奇跡的な回復をみたが、その間、大蔵省をいったん退職、4年弱の休職扱いを経て復帰を果たした。一方の前尾また、肋膜《ろくまく》を煩《わずら》って同じく退職、復職と、同じようなコースを歩んでいたのである。

復職後は池田が大阪・玉造《たまつくり》税務署長、前尾は和歌山・和歌山税務署長のポストに就いたが、同期といえばすでに地方の部長、出世の早い者は本省に戻って課長補佐のポストにあった。共に休職期間というブランクを抱え、出世レースからは大きく遅れをとっていたのだった。

しかし、人間、何が幸いするかはわからない。二人は、この税務署長ポストで運命的な出会いを果たす。税務署間の会議で初めて顔を合わせ、ここで妙に意気投合した。〝同病相憐《あわ》れむ〟、もとより互いに省内でハンディキャップを背負っていることでどこか心を許し合えたのだった。

大阪と和歌山の間は、当時、鉄道で1時間ほどであった。やがて、互いに行き来をするようになり、酒を汲み交わす間柄になっていった。時には京都で落ち合い、しばしば東山にある料理屋「京大和」で一杯やったものだった。同店主人が二人の飾らぬ人柄を買い、かわいがってくれたことによる。

そんなとき、まだ病気の後遺症で顔に黒いシミの痘痕《とうこん》が残る坊主頭の池田は、メートルが上がると前尾をにらむようにしてこう言ったものだ。

「おい、オレは必ず主税局長になってみせるぞ。ハンディ何ものぞだ。そのときは、お前を国税課長にしてやる」

また、あるときはニッと笑ってこうも言った。

「前尾、おまえ、子供ができないなら、オレがつくってやってもいいぞ。それとも、女房を取り替えるか」

こんなとき、前尾は決まって、苦笑しながら池田に酒をつぐのだった。肝胆《かんたん》相照らす仲、二人は友情をはぐくみながら、「終生の友」となっていくのである。やがて二人は大蔵省を退職、政界へ出るのだが、総選挙初出馬、初当選も一緒だった。池田は「前尾も上がったか」、前尾の当選を自分の当選以上に喜んだものだった。

その後、岸信介《きしのぶすけ》政権が倒れたあと、池田は佐藤栄作を参謀として総裁選に出馬することになるのだが、その陰で前尾は池田が創設した派閥「宏池会」を取り仕切り、万全の備えで池田の勝利を確実にしたのだった。前尾はその池田政権でも政策推進の下支えに腐心した。やがて池田亡きあと、「宏池会」を会長として引き継ぎ、それを守ることになる。

のちの昭和38年10月、時の池田首相は前尾夫妻の帝国ホテルでの銀婚式で、神妙な面持ちでこう祝辞を述べている。

「私と前尾君とは、『おい』『おまえ』さえ必要のないほどの間柄でございます。『うん、うん』『ああ、ああ』、これですぐわかるわけであります。素面《しらふ》のときには言いませんが、『おい、池田。おまえとおれの時代をつくってみよう』というのが、20年、25年前の二人の酔ったときの言葉でありました。（旧制高校寮歌に）〝友の憂いに吾《われ》は泣く〟とありますが、前尾君は憂いを一つも私にかけたことがなかった。私はこれまで、泣いたことはなかった。しかし、（寮歌の）〝わが喜びに友は舞う〟というのは間違いで、池田の喜びを前尾は常に泣いて、下積みでやってくれている」

二人の友情の度合いが、改めて偲《しの》ばれたということだった。大平、前尾という二人の心を許せる側近がいなければ、池田がチャレンジした高度経済成長の成功はなかったと言えたのである。

徴税能力を買われた「池田国税課長」

一方、池田をその国税第一課長に抜擢《ばってき》したのは、昭和16年のこの年10月に誕生した東条《とうじょう》英機《ひでき》内閣で大蔵大臣に就任した賀屋興宣《かやおきのり》であった。賀屋は池田と同じ広島県の出身、〝同郷の誼《よしみ》〟もあったが、それ以上に池田の徴税能力の高さを買ったことにあった。

池田は復職後の玉造税務署長ポストで、4年弱のブランクを取り戻すため、凄《すさ》まじいばかりの税務関係の勉強に明け暮れていた。夜は税務署職員が帰ってもなお一人残って仕事をし、家に帰っても新婚の妻・満枝と寝《やす》むのは深更というのがしばしばだった。そそくさと遅い夕食を取ったあと、税務関係書類を熟読するためであった。

一方で、池田は時の財政事情もよくのみ込み、税務署長としてとりわけ厳しい徴税姿勢で臨んでいた。折りから、満洲事変を引き金にした日中戦争の時期でもあり、国家予算のじつに40%を軍事費につぎ込まなくてはならないという状況下、厳しい徴税は大蔵省の至上命題でもあったのである。

その頃の池田の玉造税務署内でのアダ名は、「鬼」もしくは「圧力釜」というものであった。「鬼」は仕事の鬼すなわち徴税の鬼ということであり、「圧力釜」は何事にも強気一辺倒で臨む一方、瞬間湯沸器的な短気な性格を指していた。賀屋蔵相は時に日中戦争から太平洋戦争への突入は時間の問題と踏み、とすればさらなる軍事費の増大は目に見えていることから、徴税強化を財政運営上の喫緊の課題とした。省内人事に手をつけ、徴税の「剛腕」として知られた池田に国税第一課長の白羽の矢を立てたということだった。

大蔵省復職後の池田は玉造税務署で税務に対する自信をつけたあと、熊本税務監督局直税部長、主税局事務官、東京税務監督局直税部長、主税局経理課長と一貫して主税畑を歩み、税に関してやがて大蔵省内で一目置かれる存在になっていく。賀屋蔵相にとって、「池田国税第一課長」は唯一無二の人事だったということである。

また、税のエキスパートを自認する池田は、国税第一課長は主税局長への最短ルートだったことから、4年弱のブランクもあってそのうえの事務次官は無理とし、すでに見えている主税局長を自分にとっての〝究極のポスト〟と考えていた。しかし、強運の池田はその後、事務次官にのぼりつめ、やがて大蔵大臣、首相の座に就き、戦後再建のための高度経済成長に全力を傾けることになっていく。

戦後間もなく経済安定本部（のちの経済企画庁の前身）がまとめた「太平洋戦争被害報告書」によると、日本の国富総資産総額の〝戦争被害率〟は、昭和19（1944）年の国富に対して35％、武器・艦艇類を除く平和国富総額からしてもじつに25・4％に達している。被害総額は、終戦直後の昭和21年度当時のGNP（国民総生産）のほぼ全体に匹敵する大きさだったのである。

ちなみに、近年はこのGNPがGDP（国内総生産）という表示に政府の発表は変わっているが、その差異はほとんどないと理解していいのである。海外からの所得から、海外への所得を差し引いたものを純所得とすれば、GDPはGNPからのその純所得を控除したものにとどまり、その差異を大きく左右するものではないにほかならないからである。

さて、当時のエコノミストの圧倒的多くは、この喪失した国富蓄積を国民経済が取り戻すには、「戦後復興が最も早く進んだ場合でも10数年は要する」としていた。

しかし、そうした論陣は裏切られることになる。戦後復興は、奇跡的なテンポで進んだ。池田を真ん中に、それを取り巻く大平、前尾、あるいは宮沢喜一といった側近たちのスクラムと、田中角栄、佐藤栄作といった当時の若き精鋭たちによる高度経済成長へのチャレンジが、奇跡的な戦後復興、やがての「経済大国」への道を拓くことになる。

強運の「吉田（茂）学校」優等生

「池田はまるで出世魚」

昭和22（1947）年2月発足の第1次吉田茂《よしだしげる》内閣以降、政界、官界の中から、いささかの羨望《せんぼう》、嫉妬《しっと》を交じえて、よくこうした声が聞かれた。ブリという魚が、東京で言えばワカシ、イナダ、ワラサとその成育ぶりによって呼び名を変え、やがて高級魚ブリとして成長するように、池田のとび切りの出世ぶりを指したものであった。

池田の「出世魚」のキッカケは、吉田茂との邂逅《かいこう》にあった。邂逅によって、人はしばしばその人生が左右される。吉田と池田は、どんな邂逅だったのか。ここでは、池田の持ち前の「強運」ぶりが覗《のぞ》ける。

吉田内閣は、発足早々から大蔵大臣の人材難に陥っていた。第1次内閣のあと芦田均《あしだひとし》内閣が登場するが、「昭電事件」などで短期間で崩壊する。そのあと再び吉田は第2次内閣として登場するが、2次、その後の3次内閣とも蔵相の人材難に直面していた。折りからのGHQ（連合国軍総司令部）によるパージ（公職追放）により、経済・財政に明るい政財界人がおおむねこれに引っかかり、払底していたからであった。

時に、敗戦後の日本経済破綻《はたん》によるインフレの激化は一方で政治不安を招き、他方で物価と賃金の悪循環のイタチごっこに輪をかけるなど、経済環境はドン底にあった。第2次吉田内閣では、補正予算を組んでも組んでも次々と物価が上昇するから、組み直しに次ぐ組み直しを強いられ、なんと10回の補正予算を組んだといった具合だった。他のポストはともかく、とても並の者では務まらぬ蔵相ポストだったのである。

その第2次吉田内閣発足にあたっての組閣本部は、東京・杉並区の「荻外荘《てきがいそう》」にあった。吉田の組閣参謀は、すでに運輸次官を辞め、議席なしのノーバッジながらその沈着な発言、判断力を買われ、官房長官に決まっていた佐藤栄作であった。その佐藤が、やはり大蔵次官を辞め次の総選挙で政界入りを目指して〝待機中〟の池田勇人を、蔵相候補としていいがかと吉田に引き合わせたのだった。以後、長く師弟関係を結ぶことになる吉田と池田の運命的出会いは、ここに始まったということである。

ちなみに、池田と佐藤は、ともにやがて政界「保守本流」として長く政権を左右する「吉田学校」の優等生となる。じつは、二人の奇縁、関係は旧制高等学校時代にさかのぼるのだが、このあたりはのちに触れる。

さて、吉田茂という人物は、物事にこだわりのない人物としても知られていた。人事でも秩序、序列といったことに拘泥《こうでい》せず、周りに置く人物も、能力がありかつちょっぴり毛色の変わっている若い官僚、学者などを好んだ。口数極めて少なく慎重このうえなしで、時に周囲から敬遠されがちの佐藤栄作も、まさにそのうちの一人であった。また、第1次内閣で「東洋経済新報」を主宰していたリベラル派として聞こえ、積極財政派で己の信念の固い宗門出身の石橋湛山《いしばしたんざん》の経済・財政への目のつけどころを買い、あえて蔵相のイスにすわらせたのもこの〝流儀〟だったのである。

ここでの石橋蔵相は、時の大蔵省主税局長の池田を次官に引き上げることになるのだが、池田がやがて政界入りを目指すなら次官のほうが好都合だろうとの判断、配慮からであったとされる。池田にとっては、吉田とともに、この石橋もまた、「終生の恩人」「師」となっているのである。一方で石橋は、池田を次官に引き上げたもう一つの理由を、池田がのちに首相になったあといささかの自負をまじえてこう言っている。

「池田君は外交政策では吉田さんの弟子だが、経済政策では完全に私の弟子である。石橋内閣の時の『1000億円減税、1000億円施策』のキャッチフレーズでも、私と池田君の二人だけの阿吽《あうん》の呼吸で作り上げたものだし、彼の所得倍増政策なども、石橋流の考え方を拡大発展させたものだったと思っている」

さて、「荻外荘」で佐藤に池田を引き合わされた吉田は、大蔵官僚にしてはいささかスマートさに欠け、無骨な池田に一目で好感を持った。しかし、結果的にはここでは「池田蔵相」は実現しなかった。

なぜなら、官房長官の佐藤に議席がなく、そのうえ主要閣僚の蔵相までが議席なしでは、内閣の屋台骨が弱体化しているとの印象をまぬがれないからであった。ために、やむなく吉田は、この組閣には財界の大立者、「三井」の総帥でもあった池田成彬《いけだしげあき》の〝カバン持ち〟だった泉山三六《いずみやまさんろく》を蔵相に就けることになる。吉田は池田成彬の側近ということだけで泉山を経済・財政通とカン違い、結果的には吉田としては珍しくの大ポカを演じることになる。

なにしろこの泉山、無類の酒好きで鳴っていた。昼間から酒の臭いをプンプンさせながら、国会に登院することはたびたびであった。蔵相就任から2カ月後の12月13日、折りからの公務員の新給与法案の審議で国会は夜半に及んでいた。このときの休憩時間を利し、いささか審議疲れの泉山は参議院の議員食堂に立ち寄り、日本酒をしたたかに飲んだ。当時は昼間から議員食堂で一杯やって本会議や委員会に出る議員などはいくらもいて、いまと比べればまさに隔世の感、なんともおおらかな時代だったのだ。

さて、その泉山、千鳥足で議員食堂を出た。食堂付近に人影はほとんどなく、入り口はほの暗い。折り悪しくというべきか、民主党の山下春江代議士が議員食堂に入って来、泉山と出くわせたのであった。山下女史は若く、色白のなかなかの美形であった。ここで〝事件〟が起こった。一杯入っていい気持ちの泉山、フラフラと立ち上がるとなんと女史に抱きつき、キスを強要、あげく「ここはつまらんから他所へ行こう」とのたまわったのだった。泉山は女史に平手打ちをくわされ、その足で深夜の本会議に出た。しかし、酔っぱらっているため答弁どころではなく、怒った野党は総退場、その夜の本会議は流れてしまった。

さあ、大変である。一夜明けると、この泉山のふるまいは「トラ大臣」「吉田の試行錯誤人事」などと新聞に一斉報道され、行きつくところは野党による蔵相の懲罰動議提出という事態になったのだった。もはやこれまで、吉田は泉山蔵相を更迭、とりあえず後任に帝国人造絹糸（のちの帝人）社長だった大屋晋三《おおやしんぞう》を置いたのだった。

その後、吉田内閣は昭和23（1948）年12月23日の解散による翌24年1月23日の総選挙を受け、2月16日、第3次内閣を成立させた。この選挙で、佐藤栄作、そして池田勇人もまた初出馬、初当選、晴れて議員バッジをつけることになる。

しかし、吉田のこの第3次内閣また、大蔵大臣にふさわしい人物が見当たらなかった。第2次内閣で泉山三六のあと釜に起用した大屋晋三は、吉田にとってはあくまで暫定的というものだった。困った吉田は東京帝国大学の同期、親友にして政界のご意見番でもあった宮島清次郎《みやじませいじろう》に蔵相推薦を依頼した。当時、宮島は「日清紡」社長を経て、日銀政策委員のポストにあった。宮島は考えあぐねたあげく、腹心の部下であった桜田武《さくらだたけし》（のちに「日清紡」社長・会長、「日経連」会長）に相談した。

その桜田はここで、ともに郷里が広島県、気心もあり、経済・財政にも並々ならぬ能力と意欲を持っている池田勇人を推したのだった。組閣完了まで、残された時間はさほどない。2月8日、桜田は宮島に池田を会わせた。

代議士に初当選したばかりの池田と宮島は、東京・日本橋の「日清紡」本社6階の役員室で会うことになった。宮島は、「公債発行はどうするつもりか」「公共事業の増設はどうする」「減税は」「GHQの経済政策は」「海外援助は」と、次々に池田に質問を浴びせた。池田はそのたびに、一つ一つ丁寧に数字を交えて答えた。2時間ほどのやり取りのあと、宮島はこう吉田に電話をかけたのだった。

「池田というのはしっかりした男だ。大蔵大臣は十分に務まるよ」

電話を切ったあと、宮島は言った。

「君、大蔵大臣だ。決まったよ」

ここに、まったく異例中の異例、1年生代議士の蔵相が誕生したのだった。池田「出世魚」の面目躍如ということであった。

豪放磊落、酒に明け暮れた旧制中学時代

そうした「強運」の池田ではあったが、大蔵省に復職するまでにはとても順風満帆の前半生とは言えなかった。

人生のすべり出しは、たしかに極めて恵まれた環境にあった。池田は明治32（1899）年12月3日、広島県豊田郡吉名《よしな》村（現在の竹原市吉名町）の素封家の2男坊として生まれている。上に、4人の姉がいた。竹原市は戦国武将の小早川隆景《こばやかわたかかげ》、徳川時代末期に「日本外史」を著した頼山陽《らいさんよう》を生んでいる。また、いまでも「安芸《あき》の京都」と言われるだけあって、山河、民家のたたずまいも〝小京都〟を思わせる。京都の清水寺を模してつくられた普明閣《ふめいかく》をはじめ、上・下の賀茂《かも》神社から賀茂川まである。流れる水は、酒造りにはもってこいの清澄さだった。

父親の吾一郎《ごいちろう》は16歳にして戸長（いまの村長）を務める一方で、この清澄な水を生かして銘酒「豊田鶴」の造り酒屋をやり、のちに煉瓦《れんが》製造にも手を染めるなど事業家としての手腕を発揮していた。また、のちに田中義一《たなかぎいち》内閣で逓信大臣を務めた望月圭介《もちづきけいすけ》との親交もあった人物でもあった。

しかし、その吾一郎は子供の教育には厳しかった。池田と4人の姉は、幼い頃から決まって麦の混じった飯を食べさせられた。あるとき、吾一郎は子供たちに言った。

「家を継ぐ長男は別だ。白米を食べてよろしい。しかし、2男は大きくなってからどこでどんな仕事をしなければならないかも知れないし、女はどういう家風の家へ嫁に行くことになるかも知れない。その日のために、子供の頃から麦飯を食べておけ。勇人、わかったか」

一方、吉名尋常高等小学校当時の池田は、なんとも腕白坊主、ガキ大将であった。イタズラをするたびに折檻《せっかん》の意味で吾一郎に納屋に放り込まれるのだが、入れられると中にあるものを片っ端からこわしてしまうのである。母親・うめはさすがに閉口、「あやまれば出してあげる」と言うと、勇人少年いわく「お母さんがあやまれば出してやってもいいッ」であった。また、やはりうめが「おまえは将来何になるつもりか」と問うと、着物の尻をまくって大きく両足を踏ん張り、「わしは日本と外国に、こんなにして足をかけるんじゃ」と気宇なんとも壮大だったのだ。

あるいは、友達とよく近くの寺の本堂の鐘を叩いて住職に叱られたが、勇人少年は友達をまず退散させてただ一人説教を受けるなど、幼くして親分的な度胸もなかなかだったのだ。

しかし、この頃の池田は近眼で背が低く、体操の時間に身長の高い順に並ばされると、決まってシンガリであった。後年の池田は背が高く、まるで赤鞘《あかざや》、毛むくじゃらの野武士を思わせる頑丈な体つきになっていたが、急速に背が伸び出したのは中学4年からで、5年の卒業時には背の高さはトップを争うほどの偉丈夫となっていたものである。

また、その後の広島県立忠海《ただのうみ》中学では、初めて親元を離れて寄宿舎生活に入ることになる。この中学に入ったのは、当時の多くの少年が憧れたように池田もまた陸軍幼年学校を受けたのだが、近視も手伝って受験に失敗したことによる。

忠海中学での学業成績はと言うと、これは陸軍幼年学校をハネられたくらいだから秀才とは言い難く、親の膝下《しっか》を離れたこともあってか、まずは酒の味を覚えることが先決だった。しかし、試験を間近にしての詰め込み勉強は得意で、成績はそれなりに上げていた。詰め込みとなると近視もあって木製の机にかじりつく格好になることから、仲間からは「カマボコ」と呼ばれていたのだった。もっとも、試験が終わると一変した。授業が終わった夕方になると、漁船からイカを買い、よくステッキの先にぶら下げては寄宿舎に戻ることがあった。実家から隠し持って来た酒粕をとかしてヤカン酒にし、寮の舎監の目を盗んではイカ刺でイッパイやっていたといった具合だった。

また、負けん気は人一倍強く、剣道部ではなかなかの腕だったが、ある試合で不覚を取り打ち負かされたのをキッカケに、その後しばらくは練習にも顔を出さなかった。プライド高くの自信家にして負けず嫌い、自分のぶざまさを人様の前にさらすことが許せなかった少年でもあった。こうした〝池田少年像〟は、そっくりそのまま後年の池田の生き様に随所に現れているのである。

中学卒業後の高等学校受験は、志望校は第一高等学校（一高）であった。ちなみに、当時のナンバー・スクールは一高から八高まであり、試験は共通で成績順に志望先に振り分けられた。成績が悪ければ、必ずしも第1志望校に入れるとは限らなかった。受験先は、東京、京都の居住者はその地で受けるが、その他の地方の学生は他の高校所在地で試験を受けることになっていた。池田は名古屋の八高で受験することになったが、ここで後年、池田が先陣を切った高度経済成長路線を引き継ぐことになる佐藤栄作と、運命的な出会いを果たすことになる。

ライバル佐藤栄作との邂逅

当時、その佐藤栄作は山口県立山口中学を卒業し、池田同様、一高を目指し、東京在住の実兄・岸信介の家で受験勉強に明け暮れていた。佐藤もまた地方居住者として、池田と同じく名古屋の八高で受験した。池田と佐藤は、この受験に際して泊まった名古屋市内の旅館で初めて顔を合わせている。試験がすべて終わった日の夕方、池田が佐藤を誘って、二人で女給のいるカフェーに入った。マジメで酒の飲めなかった佐藤は、初めて入ったカフェーに大きな目玉を一層むいてミルクセーキを注文、大人びた池田は下戸の佐藤を見下すように、女給に「酒！」と注文したのだった。

試験の結果、二人とも第1志望の一高に落ち、第2志望の熊本の五高へ回された。しかし、池田は五高ではガマンがならず、休学した形にして翌年また一高を狙《ねら》った。だが、この試験もうまくいかず、結局、1年遅れで五高に入学したのだった。佐藤また第2志望の五高に回され、二人はここで1年後に〝再会〟を果たすのである。まさに、〝運命の出会い〟ということであった。

五高での池田は、三人の友人を得た。一人は佐藤栄作、もう一人はのちに文部大臣などを歴任した荒木万寿夫《あらきますお》、そして五高から東大、卒業後はやがて富士製鉄に入る宮里興保という人物である。宮里は富士製鉄を定年後、池田の紹介で海運会社に入っている。その宮里は、のちに週刊誌で五高時代の池田のこんなエピソードを開陳している。池田の〝素顔〟がよくのぞけるので要約してみる。

「新入生が丸坊主頭が圧倒的な中で、池田だけは髪をきれいに七・三に分けていた。また、下宿代を含めて毎月30円ほどの仕送りを受けている者が多かった中、池田は実家が裕福だったこともあり、100円ずつ送ってもらっていた。100円札を見せびらかせ、『これだけあるから飲みに行こうや』とよく皆を誘っていた」

「池田は下宿近くの小料理屋には、薄暗くなってから行く。1合20銭も出せばいい酒が飲めたことで、毎日のように2、3時間出懸けては、いい気持ちで帰ってくる。冬のある日、パリッとした大島紬《つむぎ》を着た池田が、下宿の玄関前に待たした2台の人力車を指さし、『乗れッ』と言う。人力車は、質屋の前に止まった。写真機と腕時計を質に入れ、『できた、できたぞ』と喜んで、『南山《なんざん》』という一流の料亭に行って、芸者を4、5人あげて騒いだ。そんなふうに皆を引っ張り回すので、池田は自然と親分みたいになっていた。しかし、女遊びをすることはなかった」

「五高の終わり頃、（アルバイトとして）池田がそば屋の屋台を借りて来、熊本の繁華街の交番の前に置いた。しかし、客は来ない。付近を通る友達や顔見知りの後輩をつかまえては、『どうだ。食っていけ』とカネも取らずにごちそうしてしまう。女子などはなにやら怪しい屋台を感じて、こわがって近寄りもしない。結局、客が来ないから皆で酒を飲んで、この屋台は大損害となった」

「池田の学業の成績は、中以下だった。かろうじて落第はまぬがれたが、『高校時代に勉強する奴はバカだ。ここは鋭気を養い、勉強は大学にいってからすればいい』とよく言っていた。月に4、5回は、学校もサボる。試験が近づくと、私のノートを写す。写し終わると1回だけ読み、出そうなところをもう一度読む。池田が『これが出るぞ』と言うと、フシギによく当たった。卒業の時、二人で送別会をやったが、池田は神妙、おごそかにこう言っていた。『3年間、お互いによく遊んだ。しかし、オレは大学に行ったら高文（高等文官任用試験。いまの国家公務員総合職試験）を取らねばと思っている』と」（「週刊朝日」昭和49年10月25日号～50年4月4日号）

思春期にして、なかなかの豪胆さ、親分気質が知れるのである。

池田はその五高卒業後、東京帝国大学を受験したがここでもうまくいかず、やむなく京都帝国大学法学部に入った。佐藤栄作のほうは、東京帝国大学法学部に無事入っている。しかし、池田は京大では猛勉強ぶりを発揮、在学中高文に合格、大蔵省に入ることになる。一方の佐藤は、鉄道省（のちの運輸省）に入り、やがて2人は事務次官として改めての接触ができ、事務次官会議はこの二人がリードすることが多かったのだった。これは池田、佐藤、お互いがその能力を認め合っていたということでもあった。そのうえで、二人は吉田茂のメガネにかない、これを機に政治家として日本の再建に突き進むことになるのである。

池田は少年時代から、山あり谷ありの青春時代を送り、やがて死と隣り合わせの業病に苦しみ、ハンディキャップを背負いながらの大蔵省生活を、後年こう述懐している。

「人間は何が幸か不幸か判《わか》らないが、私は少壮時代に大病に罹《かか》った。臥《ね》たまま、非常な苦しみを味わい、もう死にたいと思ったこともある。しかし、人間というものは、なかなか死ねるものではない。しかし、今日となって考えれば、あの病気をしたことは幸いであったと思っている。末っ子で気儘《きまま》に育てられてきた私を鍛《きた》え直してくれた。人に病気をしないとは奨《すす》められないが、禍《わざわい》が福となることもあるし、艱難汝《かんなんなんじ》を玉にするということもある。もちろん、私が病気という艱難によって玉になったわけではない。私は瓦《かわら》の成りそこねのようなものだが、それでも病気で苦しんだことは大きな修養になったと思っている」

日本経済が飛躍的な成長を遂げた高度経済成長時代は、一般的には昭和30（1955）年から48（1973）年までの約18年間とされている。

池田は1年生代議士の大蔵大臣として、その得意の「税」で超均衡予算を断行、敗戦経済に風穴を開けてみせることになる。それはのちに首相になっての「所得倍増政策」に結びつき、やがての高度経済成長路線へ突っ走ることになっていくことになる。背景には、卓抜な「発想」と「知恵」の駆使が窺《うかが》えた。

第二章

戦後との訣別

1950（昭和25）年10月7日、クリーヴランド号船上で出迎えの池田蔵相と握手するデトロイト銀行総裁のジョセフ・ドッジ氏（左）（横浜港）
共同通信社／アマナイメージズ

立ち塞がる「インフレの嵐」と「ドッジ・ライン」

終戦から4年目の昭和24（1949）年2月、池田勇人は衆院議員初当選からわずか2週間で、第3次吉田茂内閣の大蔵大臣に抜擢された。時に、49歳であった。

しかし、意欲十分で登場したこの1年生代議士の池田蔵相の前に立ちはだかっていたのは、まず戦後の強烈なインフレの嵐であった。この期の超インフレの乗り切りいかんは、以後の日本経済の再建を占うものでもあった。その意味では、昭和24年度予算編成の乗り切りが池田蔵相の腕の見せどころとなった。果たして、吉田首相のメガネにかなうか。初の試金石ということでもあった。

当時のGHQとりわけアメリカの対日政策は、戦後しばらくは日本のウォー・ポテンシャル（戦争遂行能力）を除去し、日本には財閥解体、独占集中の排除などを行わせたうえで賠償を取ることにあった。しかし、昭和23年後半になると、アメリカはこうした〝手法〟の誤算を知ることになる。

それまでのやり方ではとても日本の復興は不可能、加えてアメリカは、以後、復興救済資金として年間3億5000万ドルほどの巨額予算を日本へ投入していかなくてはならないことに、財政上の危機をつのらせたということであった。以後の日本にウォー・ポテンシャルを持たせない範囲、かつアメリカが巨額の対日援助をしなくて済むような〝日本経済の自立〟を目指すことに方向転換したということだった。

その具体的方策の一つは、昭和23年12月18日に発表されたアメリカ政府による日本経済復興計画への〝中間指令〟としての、日本の安定と自立のための「経済安定九原則」であった。その「九原則」とは、予算の均衡、徴税の促進、国庫融資の制限、賃金の安定、物価統制、貿易管理の強化、配給制度の改善、原料生産の拡大、食糧制度の改善である。すなわち、この「九原則」実施のためにアメリカからの対日援助と日本の政府補助金の「二つの竹馬」の足を切るという、思い切った超均衡予算の編成を日本に強く要求したということだった。

ここから、池田蔵相の苦闘が始まった。

池田が正式に蔵相に就任する2週間前、アメリカのジョセフ・ドッジ公使が羽田空港に降り立った。その4日後、ドッジはGHQと大蔵省との間で行われていた週1回の定例会議に初めて顔を出し、まずこれまでのアメリカの対日援助が日本のインフレの歯止めになんら役に立っていないとマクラを振ったあと、時の蔵相であった大屋晋三に向け、次のような熱弁をふるったのであった。これは、日本の戦後悪性インフレの治療法をさずけた〝歴史的宣言〟といってよかったのである。それは、次のようなものであった。

「自分はこの際、日本の経済を建て直すためには、とにかく予算を均衡させることが一番必要だと考える。そのためには、まずカネを使わぬという以外に方法はない。もちろん、政府は十分にカネを使わなければ仕事はできないから、これではもとより国民が困る。しかし、あれほど惨めな敗戦をした国民が、困ることなしに立ち上がれるわけはない。いま日本国民に一番必要なのは、〝耐乏生活〟である。いまの日本政府やＧＨＱにとって大事なことは、何より国民に耐乏生活を強いる勇気であると思っている。簡単に言えば、みんな一度、夢を忘れようということだ。最も非情なリアリスティック（現実的）な立場から出直す以外に、建て直す方法はないということである」

　このドッジによる〝宣言〟から数日して大屋晋三から蔵相としてのバトンタッチを受けることになった池田は、こうした中で昭和24年度の予算編成に立ち向かった。ドッジの手法をアメリカ本国政府が十分な了解のうえで、ＧＨＱの最高顧問として来日させたものである以上、従わざるを得なかったということだった。

　加えて、このドッジという人物、アメリカのデトロイト銀行の経営にあたっていたオールド・リベラリストで、自らの主義、主張には極めて厳しく、古典的な通貨主義が身上であった。さらに、その経済理論は徹底的な市場経済論者で、これは池田の経済に対する考え方に基本的には共鳴するものではあった。しかし、池田にとってはアメリカの対日援助と日本の政府補助金の二つの足を切った「竹馬経済」の実施への絶対命令は、現実にはなんとも厳しいものであった。まさに、泳ぎを覚えさせるには、とりあえず水に投げ込んでみるという荒療治に等しかったのである。

それから約1カ月後、改めて昭和24年度予算のアメリカとしての原案を示したドッジは、池田にこう言った。

「この予算はヒマシ油のように飲みにくいが、いまの日本経済にとっては不可欠と思ってもらいたい」

原案の具体的内容は、「数百億円にのぼる復興金融金庫の融資を大幅削減せよ」「減税はまかりならぬ」という厳しいものであった。また、歳入4524億円、歳出4374億円といった数字も並んでおり、池田が考えていた大蔵省原案とは大きく食い違っていたのだった。とりわけ、歳出は大蔵省原案と比べて3分の1にあたる1400億円のカット、その主柱は補助金の削減、特別会計などの行政整理に関するものだった。つまり、池田蔵相の手による初の昭和24年度予算案はＧＨＱによりズタズタにされてしまったということだった。

一方、吉田内閣からしても、時に総選挙で公約していた「取引高税の廃止」「減税」「公共投資の増額」などが、ドッジの指示するような超均衡予算（「ドッジ・ライン」）によって見送らざるを得ない結果になれば、公約違反として内閣の命運に直結しかねない。池田としては、一方で国内政局との板挟みにも苦しんだということだった。

そうしたうえで、アメリカ、ＧＨＱの要求通りの予算編成をやはり無理とみた池田は、ドッジと何度か掛け合ってみたが、ドッジは一歩も引かない。結果、公約とはまったく逆の予算を国会に提出せざるを得なくなり、与党の民自党の代議士会では、「絶対多数の党がこんな予算を国会に出さなければならないとは、大蔵大臣は一体何をやっているのか」と、池田蔵相〝吊るし上げ〟の声も出たのだった。

強気で鳴る池田も、ここではさすがに周囲に弱音を吐いた。

「オレはもう大蔵大臣を辞めたい……」

こうした池田に対する弱腰批判の声に対し、吉田首相は独特の〝吉田訛《なま》り〟を交えてこんなセリフを口にしたのだった。

「私しゅが池田を守る。誰の言うことも聞きましぇん」

わが予算制度史上初の超均衡予算

昭和24（1949）年4月20日、まずはここに池田蔵相の手による昭和24年度予算は成立した。4月4日に国会に提出され、成立までの審議日数はわずか17日間という超スピード審議であった。結局、一般会計予算は歳入7413億円、歳出7410億円で、差し引きなんと3億円という超均衡予算となったのだった。また、当時29あった特別会計も行政整理として同様に均衡がはかられるなど、これまでのわが予算制度史上初の超均衡予算が登場したのであった。ちなみに、翌25年度予算も、歳入、歳出とも6645億円と、ドンピシャリの24年度を上回る超々均衡予算となったものである。

しかし池田蔵相にとっては「ドッジ・ライン」をそのまま実行に移した形の予算編成ではあったが、決して単なるアメリカ、GHQへの盲従ではなく、一方でこれは自らの市場経済論者としての確信でもあったのだった。しかし、この超均衡予算は「ディス・インフレ予算」とも呼ばれ、これをもじって池田蔵相には「ディス・インテリ（インテリにあらず）」との陰口もあったのだった。

その後、この超均衡予算を巡って丁々発止のやりとりを演じたドッジと池田の間には、以後10年に及ぶ友情関係が続いた。やがて、ドッジは京都を愛するようになり、晩年は京都で送りたいとしていたが、結局、実現することはなかった。

一方で、池田蔵相の手によるこの昭和24年度の超均衡予算は、確実に敗戦で逼塞《ひっそく》状態にあった日本経済に風穴をあけることになった。インフレの象徴である日銀券の発行にも押えがきき、物価もまた急速に落ち着きを見せ始めたのだった。24年末には消費者物価はなんと30％以上も低落、猛烈なインフレに絶妙の鎮静効果を与えたということだった。

ここに至って、本来が強気の池田は日本経済の再建と自立に、改めて相当の自信を深めたようであった。しかし、当時、新聞でアイロニーに富んだ政治漫画を発表して人気を博していた近藤日出造《こんどうひでぞう》は、あきれたように〝自信家〟池田をこう揶揄《やゆ》したものである。

「池田蔵相の口にかかると、あれも安定これも安定だ。昔の学校の先生が、ガキ共に万邦無比の国体精華を説いたように、断々乎《だんだんこ》として政府財政の精華を説く。『現内閣の財政は古今を通じて誤りがないのであります』だの、『いささかもご懸念には及ばないのでありま す』なぞと、ヒビの入ったラッパみたいな声で説く」

なるほど、池田蔵相ののぼせかたも相当なもので、昭和25年の参院予算委員会では「ご必要とあれば、来たるべき26年度予算案の大綱も申し上げることができる」と大ミエを切り、これは明らかに勇み足に近く、野党をはじめ与党の中からもヒンシュクの声しきりだった。
一方、吉田首相はと言えば、この弟子の示した財政手腕にいたくご機嫌であった。明けた昭和25年正月、その吉田から、池田のもとに菊のご紋章入りの銀製シガレット・ケースが送られてきた。大正10（1921）年、吉田がまだ外交官としてイギリスに赴任していた際、折りから訪英された当時の裕仁《ひろひと》皇太子（のちの昭和天皇）から贈られたものであった。
吉田から送られたそのシガレット・ケースには、次のような手紙が添えられていたのだった。

「今年均衡予算成リ、財政ノ基礎初メテ確立セルハ是レ池田蔵相ノ功ナリ。茲《ここ》ニ贈品ヲ贈リテ其《そ》ノ功ヲ謝ス。希《ねが》ワクバ、益々国家ノ柱石ヲ以《もっ》テ自任セラレンコトヲ。
庚寅《こういん》元旦吉田総理大臣
池田大蔵大臣恵存」

以後しばらく、池田は閣議の席上でもこれ見よがしにそのシガレット・ケースをひけらかし、会う人ごとにも煙草をすすめては、その因縁いわれを必ずひとくさり披露していたのだった。その感激ぶりの一方で、豪胆一方の評の中で生来の稚気に富んだもう一つの池田の〝素顔〟が浮かび上がるのだった。

大平・宮沢、二人の名秘書官

こうした蔵相としての池田を支えたのは、とくに二人の秘書官、大平正芳と宮沢喜一であった。性格などはまったく異っていたが、互いにその持ち味を発揮、池田にとってはその政策推進に欠かせぬ存在だった。二人は、池田蔵相のもとでどんな役割りを果たしたのか。

まず、宮沢秘書官。

宮沢は昭和17（1942）年、東京帝国大学法学部を首席で卒業、高等文官任用試験も行政科と外交科の両方をパスして大蔵省に入った。若くして、同じ大蔵省内では福田赳夫《ふくだたけお》と並ぶ「秀才」の声が高かった。

ちなみに、宮沢は大蔵省に入る際、同じ広島県出身ということで池田に身元保証人を頼んでいる。しかし、しばらくすると、省内からこんな声が聞かれるようになった。「なんで池田なんかに保証人になってもらったんだ。あんな男になってもらうなら、ほかに沢山いるではないか」。大蔵省というところはとりわけ省内人脈にうるさく、ハンディキャップ持ちの池田が身元保証人では、以後の出世にさしつかえるとの〝忠告〟だったのだった。

しかし、その後、池田は「出世魚」と言われたように、ハンディキャップを背負いながらも主税局長、事務次官、そして1年生代議士として異例の蔵相就任を果たした。蔵相秘書官ポストは、出世コースでもある。ここで宮沢は、池田による蔵相秘書官就任の誘いに乗ったということであった。頭脳明晰《めいせき》、鋭い分析力に加え、語学力、実務能力ともに優れた宮沢は、極めて優秀な秘書官ぶりを発揮したのだった。一方の大平とは、際立った違いを見せた。

宮沢は池田が大蔵省へ向かう前に、毎朝、必ず信濃町の池田邸に寄ってはその日の日程などをマメに説明するのに対し、一方の大平はというと、こちらは立ち寄ることすらなかった。これは秘書官室でも同様で、宮沢が省内を走り回って次々と事務処理をこなし、部屋にいることがほとんどなかったのに反し、大平はと言えば机から離れず、時に哲学書などを開きながらクックックと一人含み笑いをしているといった具合だった。

また、池田との酒の相手でも同じで、酒に目がなかった宮沢は冷や酒のグラス片手に池田と堂々、意見をぶつけ合っている一方で、酒は強くない大平はというと好きな「キリンレモン」などを飲みながら、黙々と好物の焼きイモやまんじゅうを口にしていたのだった。

そうした中で、秘書官としての宮沢は、とりわけ占領下の日本の外交の機密にタッチした数少ない人物でもあった。前述したドッジによるわが戦後の悪性インフレ治療のための

〝歴史的宣言〟も、じつは宮沢がその英語のスピーチを書き取っている。「英語の達人」ぶりを、縦横に発揮していたのである。その後も、アメリカとのサンフランシスコ講和条約など日米交渉でも宮沢は常に池田の傍らにおり、国務長官をやったダレスから池田は「君は小さなダイヤモンドを持っている」と、秘書官としての宮沢を絶賛されたものだった。

その宮沢は一方で〝人間臭い〟派閥抗争などを嫌い、やがて政界へ出ても「論客」として一目置かれながらも、通産大臣、外務大臣、官房長官などを歴任したものの首相の座に就くのはじつに72歳になってからであった。この優秀な男が、なぜ政界のトップリーダーたるに時間を要したか。

のちに、田中角栄元首相は、こんな〝宮沢論〟を口にしている。

「アレはたしかに第一級の秘書官ではあるが、政治家ではない。学識、分析力には一目置くが、トップとしての現場指揮能力が欠けるし、人間関係のツボがわかっていない」

政治とは、結局、人間関係の中で行われている。その辺がわかっていないのでは、とても天下は取れないということを言っている。

後年、田中と宮沢は酒席をともにしたことがある。宮沢は酒が入るにつれ、顔面いよいよ蒼白《そうはく》になり、田中に〝議論〟をぶっかけては一歩も譲らなかった。このあと、田中は言っていた。「アレは食えないな」と。酒席をともにすることは、二度となかったのだった。

それでも池田は、対米交渉など自らの政策推進に不可欠として、この「光るダイヤモンド」を秘書官として重用したということだった。

それでは、一方の大平秘書官はどうだったか。

先に記したように、言うなら宮沢の「鋭」に対して、大平はのちに「鈍牛宰相」と言われたように、何事にも「鈍」であった。「鈍」とは、物事に万事、几帳面、粘り強く、生マジメ、シャイな性格なども手伝って、すべからく慎重に構えることを指している。東京商科大学に入る前の高松高商時代にキリスト教に入信、1日1日を自ら律して働くことを好んだという、求道者的生き方が身についていたのである。しかし、第一章で記したように、池田はどこか気心の合うこの大平を買っていた。それが、秘書官起用ということでもあったのである。

大平の生マジメぶりを示すこんなエピソードがある。

大平は結婚3カ月後に横浜税務署長として赴任、その1年後、仙台税務監督局間税部長の辞令が出たが、その仙台へ向けての赴任の日である。旧池田派担当記者のこんな証言が残っている。

「昭和13年6月のその日、折り悪しく京浜地帯は台風による豪雨と洪水に見舞われた。当時、大平は横浜近くの磯子《いそご》に住んでいたが、東京—横浜間の交通が途絶えてしまっている。

しかし、東京駅から仙台行きの汽車に乗らねばならない。責任感の強い大平は、歩いて東京駅へ向かうことを決意した。ところが、途中、六郷川《ろくごうがわ》があり、さて立往生。ここで大平はパンツ一つになり、トランクを頭上に抜き手を切って増水している六郷川を渡り切り東京駅へ向かったのだった。この川を渡ったとき尻にバイ菌が入り、仙台着任後まもなく〝痔《ぢ》〟になって、入院をよぎなくされている」

こうした生マジメさは、池田が秘書官起用で声をかけたときも同様だった。大平は当初、「とても私には秘書官は向きません。ご勘弁を」と首を横に振った。ところが、池田は言った。「いいのだ。別に何もせんでいいから、秘書官室にすわっておればいい。もう（秘書官として）発令してしまったよ」

かつて、池田が東京財務局長への転出を機に、「オレの下で間税部長をやれ。税を勉強することだ」と、強引に誘ったときと同じ物言いだったのである。池田にとっては、大平がそばにいてくれるだけで安心感があったということであった。本来、信頼感とはこういうものを指すのである。

さらに、次のような言葉にも表われている。

時に主税局長だった池田が石橋湛山蔵相から事務次官就任要請の声をかけられた際、池田から意見を求められたときである。大平は即座に、池田にこう言ったものだ。

「あなたは主税局長にとどまり、それを〝最後の花道〟として退官されるほうが立派ではないでしょうか」

また、池田が吉田首相から1年生代議士として蔵相就任を要請されたときも、「それはむしろ遠慮すべきではないでしょうか。大部屋の苦労も知らないで、いきなり大蔵大臣ということでは、政府与党のためにも、あなた自身のためにもならないのではないでしょうか」と、池田を諌《いさ》めたといった具合だった。

その池田は、昭和27（1952）年の吉田首相による「抜き打ち解散」による総選挙で、イヤがる大平を当時の中選挙区旧〈香川2区〉から強引に出馬させた。ここでは、大平を育てようとの池田の思いがあった。筆者はのちに大平が首相になった直後、その選挙区を取材したことがあったが、こんな話を地元民から聞いている。必ずしも政治家向きではなかった若き日の大平の姿が浮かび上がるのである。

「演壇会場でも、とにかく演説が生マジメでカタいんですワ。田舎のジイサン、バアサンが集まったところで、クソ面白くもない経済や財政問題を懸命にしゃべっている。当然、大半の聴衆は寝ておる。しかも、その経済や財政問題も滔々《とうとう》というワケではなく、例によって『アー、公定歩合が、ウー』といった具合。ヒドイときには、アーが入ると聴衆にはしばらくヒマができ、次の言葉が出てくるのを鼻クソでもほじりながら待っているといった塩梅《あんばい》だった。結局、これではとても票にならんということで、選挙参謀の指示でとにかく笑顔を振りまくことに作戦を変えた。先生の笑顔は、とりわけ婦人層から『ステキ』『かわいい』の声が挙がり、なんとか当選にこぎつけたのです。初出馬のときです」

2期目の出馬では、笑顔だけではピンチと選挙参謀は大平の親分でもある池田に直訴、応援に吉田首相を引っ張りだしてもらうことに成功した。しかし、これがウラ目に出て苦戦、からくもの当選となったのだった。地元民の証言、再びである。

「観音寺《かんのんじ》の演説会場で、吉田首相が傍らの大平先生を指して、『私が最も信頼するオオダイラ君であります』とやった。聴衆からは、『吉田さんに名前を間違えられるくらいだから、大平というのは大した男じゃないんじゃないか』との声が出た。これがウワサとなり、選挙区全域に広まって苦戦となったのです。先生もさすがにショックだったらしく、『ワシはこの選挙で落ちたら、政治家は辞めるつもりだ。勝負には向かんようだな』と言っておった。文人肌の人だっただけに、この頃はとても政治家には向きそうもなかった」

ちなみに、大平の「アー」「ウー」という〝間〟は、これを抜いてみるとじつに理路整然とした論旨になっていたのはあまり知られていない。

こんな具合だから、物事すべからく「鋭」の宮沢と「鈍」の大平は、その出会いは古いものの共に政界へ出て以後も、長くしっくりとはいかなかったものだ。やがて、大平が首相の座に就き、沸き返る大平派「宏池会」の中での宮沢は、シンパも少なかったのである。結局、宮沢が首相になるのは、大平が首相になったあと13年を要することになっている。

吉田茂の先見性

さて、大蔵大臣として就任早々、インフレ鎮静のためにわが国予算制度史上初めての超均衡予算と取り組んだ池田ではあったが、昭和24（1949）年、もう一つののちの高度経済成長への重要な基礎づくりとなる単一為替レートの設定と、「シャウプ勧告」によるいよいよの税制の改革に立ち向かうことになる。

かつて、「戦後日本の再建は税がカギ」としていた池田としてはまさにヤル気十分の一方で、これはまさに正念場でもあった。日本経済また、再建への最大の曲がり角がこの年だったとも言えたのである。

1ドル＝360円の単一為替レート設定は、昭和24年4月23日朝、電撃的にもたらされた。米・ワシントン発のUP電の一報が流れたあと、GHQから正式の発表があった。ここでのGHQの見解は、「円レートの設定は日本の産業の合理化を進めるものであり、経済安定への発展のひとつであると言える」というものであった。

しかし、このアメリカによる抜き打ち決定は、政界はもとより経済界にも多大なショックと不安を与えることとなった。当時、わが国には統一の為替レートというものはなかった。農産物、生糸といった具合にそれぞれのレートを定めていたが、その意味では当時の日本経済はまだまだ世界の先進国の中では〝孤児〟と言えたのだった。

アメリカはそこを見、単一レートにより日本経済を世界経済の中でリンクさせていくことを考えたということだった。しかし、政府とすれば、これを日本が即実行すれば凄《すさ》まじいデフレ政策の道をよぎなくされ、日本経済は窒息してしまうのではとの危惧《きぐ》があった。大蔵省また、正式発表から2日後の4月25日より早々に実施された1ドル＝360円と先の超均衡予算の執行により、大混乱に陥ったのは当然だった。

その後まもなくのわが国経済の混乱状況とその対応ぶりを、秘書官だった大平は自著『私の履歴書』（日本経済新聞社）の中で次のように述べている。ここでは、大平が単なる「鈍」でなく、根の優しさを示す一方で、池田に対する的確なアドバイザーであったことが垣い間見られる。

「大臣室には、金融難と重税に対する苦情が相次いで殺到した。インフレを克服しようとするGHQすなわちアメリカの命令は、金融引き締めと重税を中心に仮借のない厳しいものだった。患者にとって、良薬は苦いものである。また、大胆な手術によらなければ、患部を取り除くことができるものでもない。それだけで国民の苦しさは相当なもので、大蔵省への苦情にも激しいものがあったということである。

殺到する苦情に対する私の対応の第一は、陳情者の立場に立ってその主張に共感を寄せつつ、池田さんのやり方の足らざるところを責める側に回ることであった。しかし、同時に池田さんが決して冷酷な人でないことを、より説明することも忘れないように心懸けた。ちなみに、池田さんは気は優しく、思いやりもある人ではあるが、その容貌《ようぼう》やマナーから思わざる誤解を受けたり、反感を招く人であった。そういったことを陳情者に丁寧に訴え、理解を求めた。

第二の方法は、税務署に対する注意であった。『ドッジ・ライン』は、事実、空前の重税を国民に強いるものであった。ために、税務署の事務には渋滞が起こり、過誤も多かった。徴税令書を同一人に再交付するような不始末も、随所に起こった。私は苦情に接するごとに、所轄の税務署長に電話して、早急に納税者にお詫《わ》びをさせたり、過誤の訂正を求めることにした。

そして、第三の方法は、銀行に対するものであった。融資希望者に対する融資の可否、金額の決定はもとより銀行自身の分別と責任で行われるものである。極度の金融梗塞《こうそく》下での融資希望者の苦情に理解もし同情もするが、そのために（大蔵省が）銀行に圧力を加えることはすべきものでもなく、またできるものでもない。私にできることは、どういう金融機関を選び、どういうお願いをすればいいかという、いわば一種の金融相談に乗るのが精一杯のところであった」

しかし、この1ドル＝３６０円のレートは、たしかに政界、経済界に大きなショックと不安、そして混乱は与えたが、その後、佐藤栄作内閣末期の昭和46（１９７１）年12月までの22年間、日本経済の自立とりわけ資源なき国日本の輸出拡大に、極めて大きな貢献を果たしたと言ってよかったのだった。昭和46年12月20日、この固定相場制は現在の変動相場制に移行し、やがて自立した日本経済は国際経済の中で今日の地位を築く引き金となっていくことになる。

こうした中で特筆すべきは、吉田茂首相の存在、その先見性であった。

吉田は昭和23（１９４８）年10月に第2次内閣を成立させると、ただちに政府諮問機関である「単一為替設定対策審議会」をつくっている。じつは、やがて来るだろう単一為替レート設定を予測し、その善後策づくりに余念がなかったということだった。この審議会では、すでに時の日本経済に適切なレートを1ドル＝３５０円前後と予測していたのだった。同時に、吉田は単一為替レート設定のあり方にも手を打ち、実施後ただちにそれまでの商工省と貿易庁を合同化し、通商産業省（その後、経済産業省に改組）を設置したものである。

吉田は常々、とぼけたように「経済はわからんよ」と口にしていたが、メガネの底では輸出国日本の将来をにらみ、鋭い先見性を発揮していたということであった。得意とした外交はむろん、経済にも並々ならない卓見の持ち主だったことを証明していたのである。

それにしても、吉田はなぜこれほど池田を買い、日本経済再建への命運を担わせたのか。日本経済新聞政治部記者として池田と親交の深かった新井明《あらいあきら》（のちに日本経済新聞社社長）は、かつて筆者にこう話してくれたことがあった。

「吉田直系の佐藤栄作、広川弘禅《ひろかわこうぜん》あたりは、1度や2度は吉田の怒りを買ったりしたものだが、池田に対してはそうしたことが1度もなかった。池田という男は直情径行、荒削りだが、仕事ぶりは手堅く、旧党人派が引きずっていたようなドロドロしたものもなく、徹底して吉田の言うことを聞いた。つまり、吉田にとって、池田は決して自分を裏切らない男として認知できたということではなかったか。池田の仕事ぶりに関して言えば、例えばGHQに対しても、他の政治家にない馬力で臨んだ。そのあたりの吉田の評価も高かったと見られる」

「シャウプ勧告」による申告納税制の実施

一方、「シャウプ勧告」による税制改革のほうはどうだったか。

この勧告は、じつは昭和24（1949）年度の超均衡予算成立の延長線上にあったと言ってよかった。すなわち、池田蔵相からすれば、超均衡予算をつくってはみたものの、多くの課題、問題点も残したことを知っている。ために、池田はここで、あえて税制全般を見直すことで以後の日本経済の再建に本格的に取り組まなくてはならないと考え、この点ではすでにドッジと「専門家を呼んで改めて考えよう」との意見の一致があったのだった。

やがて、ドッジが帰国すると、入れ替わるように昭和24年5月10日、税制改革で名を馳《は》せていた米・コロンビア大学教授のC・S・シャウプ博士を団長とするいわゆるシャウプ税制調査団が来日した。

「日本の税制を公正、かつ生産性の高いものに改める」ことを目的として来日したこのシャウプ調査団は、じつに活発に行動した。大蔵省との話し合いを進める一方で、連日、日本のナマの税実態を知るために東奔西走したのである。

このときの調査団の行動ぶりを、こちら「鋭」で鳴った池田蔵相秘書官だった宮沢喜一は、次のように回想している。

「とにかく、シャウプ調査団は精力的に動いた。二つのグループに分かれ、関西から九州、東北から北海道まで回り、日本の民情を知る必要があると、映画の『青い山脈』を見たりまでしている。一方の池田蔵相はと言うと、勧告の草案づくりに入ったシャウプさんを密かに宿泊先の軽井沢に訪ねようとしたが、当時のことゆえガソリンの手当てがつかず、あっちこっちでガソリンを探しつつで、ようやくシャウプさんに会うことができたという具合だった」(「朝日新聞」平成元年1月8日号)

結果、こうした池田の〝奔走〟などのあと、来日から3カ月後の8月25日、シャウプ税制調査団から本文14章、英文で6万5000語に及ぶ勧告書が出された。その主旨は、「これまでの税務署による査定中心を改めて申告制度とする。そのうえで、直接税としての所得税に重点をおく」というものであった。ちなみに、現在の納税申告制度は、この「シャウプ勧告」以来、続いているものとなっている。

しかし、この勧告書が示されると、改めて池田蔵相とシャウプの間で激しいやりとりが行われている。次のような場面もあった。

池田「この勧告どおり実施した場合、破産者が出、税務官吏も徴税意欲を失ってしまいかねない。また、納税者が果たして正直に申告するものか疑問だ」

シャウプ「これまでの日本の税制では、昔の小作人から取り立てるのと同じだ。あるいは、税務官吏と納税者がハラのさぐり合いの中で漠然と税額を決めるというのでは、およそ所得税というような税の存在自体も不可能になる。この勧告を日本は呑まねばならない」

結局、池田は引き下がらざるを得なかった。やがて、この「シャウプ勧告」に基づく直接税としての所得税中心主義の税制改革は、翌昭和25年1月から実施をみることになる。すべからくアメリカの意向に逆らえずで、当時の大蔵省側の実務担当者であった時の主税局長・平田敬一郎《ひらたけいいちろう》（のちに次官、日本開発銀行総裁）は一抹の不安を抱えながらも、「これで日本は世界の所得税制の中で最も進んだ制度を持ったことになる」と胸を張ったものであった。

一方の池田は、この画期的な税制改革を実施するにあたり、月刊「財政」（大蔵財務協会発行）に、全国の税務官吏向けの〝心構え〟を、次のように記したものであった。

「諸君はじつに、国民の死活の権を握っている。諸君の誤った課税の結果、何千人の人が泣くことになるかを忘れてはならない。従って、課税にあたる態度はまさに薄氷を踏むようなものでなければならぬ。同時に、法制に定められた点まで課税することが、また諸君の責任でなければならぬ。もちろん、この仕事は、神でなければ、絶対、完璧《かんぺき》には行えない。私自身が20年間税務に奉公してきただけに、この困難はよく知っている。しかし、諸君はこの神聖な責任をできるだけ完全に果たすことができるよう、祈る心地をもって仕事に携《たずさわ》って欲しいと思っている」

それから67年の歳月が流れたいま、先の平田主税局長による「世界の所得税制の中で最も進んだ制度」とされたこの「シャウプ税制」はやがて直間比重の見直しが問われるようになり、今日、間接税としての消費税導入をみることに至っている。

ちなみに、第2次吉田内閣で泉山三六蔵相がスキャンダルで辞職、大屋晋三蔵相を短期間はさんだあと池田に蔵相のイスが回ってくる間に、時の日銀総裁の一万田尚登《いちまだひさと》の蔵相起用話があったのだが、吉田首相はこれを無視したという経緯があった。

池田と一万田の財政手法を比べた場合、池田は積極型財政であり、一方の一万田は消極型あるいは警戒型財政と言ってよかった。仮にこのとき、吉田が池田を起用せずに「一万田蔵相」が実現していたら、その後のこの国の高度経済成長も、国際経済の中での今日の日本経済の立ち位置も、その色合いは大きく変わっていただろうとも思われる。

歴史は常に、その時代、誰を得るかで大きく変わるということでもある。

「数字」に絶対の自信の池田蔵相

1年生代議士の蔵相として登場し、超均衡予算をつくり、「シャウプ勧告」による税制改革を自らの手でやることのできた池田は、この時期、自信に満ち満ちていた。人並はずれた税への関心の持ち主である池田には、まさにしてやったりの感があったものと思われる。

この頃の池田は、勉強の手を休めることがなかった。もっとも、池田という人物は経済・財政とくに税に関する資料などは人一倍よく読むのだが、いわゆる長物の書籍の類はまず読まないことで知られていた。古今東西の哲学、宗教書まで読みあさっていた碩学《せきがく》の大平正芳があきれるほど、本を読んでいなかったのである。しかし、経済・財政についての「数字」については、誰もが一目置く認知ぶりであった。

池田における数字好きは、どうやら生来のもののようであった。例えば、自分の学生の頃の授業料、下宿代、酒代が月いくらと、後年になってもじつに正確に覚えていた。大蔵省に入ってからも、暇をみては各企業のバランス・シートを広げては経営状態を読み取り、税収としてどのくらいになるかをはじき出しては目を細めていたというエピソードもある。

あるいはまた、独自の経済チャート（表）をつくっては常にこれに目を配り、毎日の経済の動きを把握していた。このチャートは、株価の上下はもちろん、1日の銀行・郵便局の預貯金の出入り、輸出入はどのくらいで外国為替の受け払いはどうか、そしてそれらのカネはどう流れていったかが一目瞭然《いちもくりょうぜん》の数字で項目別にギッシリ書き込まれていた。ここから、税収の見込みも計っていたということだったのである。

したがって、国会の委員会答弁などでも常に数字を並べ立て、時に必要以上に数字の連射をかませて野党の質問者を面くらわせていた。数字による説得力が何にもまして強いのは言うまでもなく、池田の重要な〝戦術〟にもなっていたということである。ちなみに、〝数字に強い〟はリーダーシップの強力な武器と言える。

当時、池田が連発するこうした数字に面くらうことなく、的確に答弁内容を理解できたのは、衆参の全国会議員中、大蔵省出身の前尾繁三郎ほか野田卯一《のだういち》、愛知揆一《あいちきいち》らわずか10人足らずという説さえあったのである。

その池田の「数字」について、のちに池田の首相秘書官を務めた伊藤昌哉《いとうまさや》は、こう記している。

「これは池田自身の弁だが、ある先輩から『おまえ、大蔵省にいてこんな数字も知らないのかと言われ、こんちくしょうと思って一所懸命勉強したのだ』と言っていた。池田は、初めはその数字を丸暗記したそうだ。理論、理屈も何もない。ただ、覚えることから入った。そのうちに、次第に数字と数字の関連性が分かり始めた。石炭の生産量がどのくらいで価格がいくらというときは、これに連動してコメの生産量がどれほどで価格はいくらになると。こういう型を戦前の状態と比較、数字の関連による日本経済の現状認識に到達していったということだった。

このように、池田は終戦直後の〝物を生産する力が完全に喪失されてしまった状態〟のときからのゼロからの成長過程を、大蔵省役人として、その後、大蔵大臣として勉強していったということだ。こうしたことは、大蔵大臣を辞めてからも絶えず考え続けていた。戦前と比較して、あの頃の生産量にはいくはずだ、10年前はこうだった、それがいまはこれだけになったから、もう10年経ったら生産量はこうなるはずだと。こうした考えのもとで、生産量の拡大を追求していたというわけである」(「別冊歴史読本・秘史内閣総理大臣」毎日新聞社・昭和61年4月号)

こうした「数字」による池田流リーダーシップも、やがての池田首相による「所得倍増計画」に大きく結びつく伏線になっていたということである。

一方、仕事に乗っている男にとって、酒がまた旨いのは当然で、大酒呑みの池田ならなおさらであった。〝池田と酒〟については、筆者は池田を知る人物の多くから、多くのエピソードを耳にしている。どんな飲み方だったのか。こんな光景となっている。

自宅に戻ってくるとどっかと腰を下ろし、まずはビールをキュッとグラス一杯。次いで、日本酒は決まって熱燗《あつかん》である。それも一銘柄ではすまず、「賀茂鶴」「月桂冠」「松竹梅」ほか、生家の広島県竹原市の池田酒造蔵出しなど最低でも二銘柄となる。これが終わると、ウイスキーである。炭酸で割ったハイボールが多かった。シメは大体、ブランデーだったが、その前のウイスキーあたりでようやく池田はゴキゲンになり、比例して口もまた悪くなるのが常だった。

例えば、池田蔵相担当の各新聞社の記者が夜回りで集まると、メートルが上がるほどに、決まってこんな〝池田節〟も出たのだった。

「数字というものはだな、ちゃんと自分のものにしてなければなんにもならん」

「経済というものはあくまで手段であって、これ自体は目的ではないんだ」

「アメリカでもなんでも、怖れることはない。山より大きなイノシシは出ない」

そして、池田は機嫌がよくなると「よし、オレが歌うぞ」として、よく一人ガラガラ声で蛮声を張り上げた。歌は決まって、〽花も嵐も……の「愛染《あいぜん》かつら」一本である。上原《うえはら》謙《けん》（歌手タレント・加山雄三《かやまゆうぞう》の父）・田中絹代《たなかきぬよ》の名コンビによる、昭和13年に一世を風靡《ふうび》した松竹映画からの同名の歌である。覚えたのは大蔵省主税局経理課長時代で、この歌以外には母校・旧制五高の寮歌「武夫原頭《ぶふげんとう》」くらいしか知らなかったのだった。

物情騒然の世相

さて、ジョセフ・ドッジと池田による〝合作〟超均衡予算（「ドッジ・ライン」）の実施は、一方でひとまずインフレ抑制は果たしたが、他方で極めて毒性の強い劇薬ともなった。間もなく副作用としてのカネ詰まりが生じ、企業は売れ行き不振へと急速に落ち込んでいく。まさしく、ここでは懸念していたデフレの到来を招いたということだった。企業はこれを合理化で凌《しの》ぐしか術《すべ》がなく、操業度の引き下げ、従業員クビ切り、給与支払いの遅延およびカットなど、懸命な経営操作を行った。

一方、政府は行政整理として、国家・地方公務員の整理などで臨んだ。吉田内閣は各省設置法改定案と行政機関定員法案を成立させ、この結果、20数万人の国家・地方公務員が整理されることになった。時に、「公社」であった国鉄も、定員法に基づいて12万余人のクビ切りを行わざるを得なかった。このことはまた、不況の中で、一層、世相に険悪な空気を持ち込むことになったのだった。

例えば、国鉄労組はクビ切り反対闘争のための〝人民電車〟なるものを走らせ、ストを打った。あるいは、この年（昭和24年）7月には国鉄総裁・下山定則《しもやまさだのり》が謎のれき死体で発見された「下山事件」、東京・三鷹《みたか》駅構内で無人電車が暴走し、死者、重軽傷者合わせて20人を出した「三鷹事件」、その1カ月後には東北線金谷川《かなやがわ》の地点でレールの釘《くぎ》が抜き取られ、上り列車が転覆、乗務員3人の死者を出すに至った「松川事件」と、まさに時代は物情騒然に陥ったのである。

こうした中で、「ドッジ・ライン」の執行責任者である池田蔵相の人気が、急速に低落していった。「池田の責任は重い」との声が澎湃《ほうはい》として起こったものであった。

そうしたさなかの昭和25年2月、池田はその2週間ほど前に、突然、稲垣平太郎《いながきへいたろう》という通商産業大臣が辞任したことにより、蔵相のまま通産相を兼任することになった。

折りから、超均衡予算による不況の中で、納税期の3月になると中小企業などの倒産が相次ぐだろうとの「3月危機」説が流布されていた。現に、自殺した中小企業の社長なども出た。ちなみに、この3月危機説を流布した〝発信元〟は、当時、中小企業庁長官だった蜷川虎三《にながわとらぞう》だった。3月危機説を〝発信〟したカドで、蜷川は吉田首相の逆鱗《げきりん》にふれ、同長官を左遷されている。その蜷川は、のちに京都府知事に転じ、長く「共産党府政」を敷くに至るのである。

さて、こうした時期に大蔵省記者クラブ「財政研究会」から、池田に記者会見の申し入れがあった。記者クラブの意向は、「池田が通産相を兼任したことでもあり、〝3月危機〟をどうとらえているのかを聞く必要がある」というところにあった。しかし、その裏には、常々、会見でもよく得意気に数字をまくし立てる自信家の池田のハナを、いつかあかしてやろうとのコンタンもあったのだった。池田の取材が長かった共同通信社元政治部長・武藤貞雄は、筆者にこんな秘話を聞かせてくれたことがあった。

「私が信濃町の池田邸の庭に池田と二人でいたとき、つい私が庭下駄で池田が手入れを欠かさなかったコケをつい踏んづけてしまった。池田は凄い剣幕で、『キミ、コケを踏むのはオレの頭を踏んづけるのと同じだぞッ』と一喝されたものだった。また、深夜零時過ぎに夜回りの記者がやってきたりすると、池田は奥の部屋でマッサージをとりながら、満枝夫人を応対に出し、『今日はナニもない』と会うことすらしなかったものだ。さらに、記者との懇談の席でご機嫌の悪いときに池田の持論に口をはさもうなら、『この野郎、帰れッ』とくる。記者にご機嫌を取るなどは滅相もなく、まあ君らにちょうちん記事などは書いてもらわなくてもいいんだといったような一貫した姿勢があった。じつは、真っ正直な男なんだが、他人の目からすれば、いかにも自信家、傲岸《ごうがん》な男に映ったものです」

こうした背景もあって、大蔵省詰め記者は会見に手ぐすねを引いていたということであった。会見は3月1日、国会内の参院第12委員会室で行われた。その一問一答は、こうである。これが、まんまと引っかかっての池田〝放言第1弾〟となったのである。

記者 問題の「3月危機」の月に入ったが、蔵相の「危機」に対する感想は。

池田 だんだん「3月危機」を言う者も少なくなったんじゃないかな。本気で、そんなことを言う者がいるのか。

記者 業界では輸出繊維の滞貨処理に困っているようだし、機業地や繊維問屋などでは休業や倒産もかなり出ている。

池田 そんなことはあるもんか。

記者 しかし、倒産や税金の苦しみのため自殺や心中が目立ってきたということで、これを取り上げた予算委員会での質問もあったが。

池田 そのような取り上げかたは、社会に不安を起こさすものだ。税や倒産がどれだけ自殺の原因になったのか、調べなければなんとも言えぬところだ。

記者 多少の犠牲や摩擦が出るのはやむを得ぬということなのか。

池田 戦争に負け、大きなインフレ終息を行っているときだから、大きな政策の前に多少の犠牲が出るのはやむを得ぬということだ。

記者 大企業に比べて中小企業に苦しみが強く、しかもその苦しみが3月にはとくに強くなるという傾向を認めるか。

池田　ディス・インフレによって物価が低落の傾向に入り、以前のように商売が楽にいかぬ時代になったから、そういう傾向は認めざるを得ない。いずれにしても、一度は越えなければならぬ試練ということだ。

記者からすれば、まさに〝待ってました〟だった。池田の発言に、翌日の新聞各紙はいずれもハデな見出しをつけたのである。

「5人や10人の中小企業の業者が倒産してもやむを得ない」と書き立て、野党も〝待ってました〟で、3月2、3日の衆院予算委員会で池田を吊るし上げた。しかし、池田はタバコの煙をさかんに天井に向けて吹き上げ、ひるむところがなかった。この予算案での答弁をまとめると、おおむね次のようなものだった。

「日本経済を立て直すため強力な措置を取っているが、無理のいかないようにしたいのは当然だ。（記者とのやりとりで）自分の言葉に表現の悪かった点もたしかにあるが、倒産しても仕方がないというのはインフレに慣れ、楽をするのに慣れた企業があるという意味だ。銀行の貸ししぶりもあるが、企業側にも責任なきにしもあらずだと思う。経済の整理過程には、不況のため倒産する者があるのはやむを得ない。当分は、いばらの道を行かねばならないということだ」

むろん、野党がこれで矛《ほこ》を納めようはずはない。3月4日夕方、ついに衆院本会議に野党共同提案による池田蔵相兼通産相に対する不信任案が上程された。しかし、この時点、吉田首相のにらみが当時の自由党内には届いており、与党の多数でこれはからくも否決された。

さて、池田はこの放言問題に懲りたかと言えば、それから9カ月足らず、その年12月に早や〝放言第2弾〟を放ってみせるなど、とてもこの程度で懲りる男ではなかったことを明らかにしたのだった。

連発する放言

その〝放言第2弾〟は、12月7日の参院予算委員会で出た。当時の労農党の財政通で知られた木村禧八郎《きむらきはちろう》による米価引き上げについての質問でである。木村はのちに労農党から社会党に転じ、社会党左派の論客として名をはせている。

当時の議事録から、一問一答を抜粋してみる。

木村　米価の引き上げが諸物価に影響を及ぼすということは、大蔵大臣もご承知の通りでありまして、したがって消費者米価を軽々に上げるということは、これはやはり負担の公平から言っても問題であります。さっき経済を自然本然の姿にもっていくと（大蔵大臣は）言いましたが、今の日本の姿は自然本然の姿で動いておりますか。動き得ると思いますか。（今後の日本経済は）やはり統制というものを加味しなければやっていけない段階にあります。米価をとくに上げる、しかし麦とか何とかはあまり上げない。こういう食糧の価格体系について、大蔵大臣には何かほかに重要な理由があるのではなかろうか。この点をお伺いしたいと思います。

池田　日本経済を国際的に見まして、立派にしたいというのが私の念願であります。別に他意はございません。米と麦との価格の問題につきましても、日本古来の習慣に合ったようなやり方をして行きたい。お百姓さんに小麦を食え、しかも米の100に対して95％の小麦を食えといっても、お百姓さんはなかなか食わぬ。都会の人は別でありますす。そういうことを考えて日本の経済を本然の姿にもって行くには、米と麦の差も大きくしなければならないというのでやっているのであります。

そして、日本の経済はどうしても国際的に成り立って行かないという考えは誤りであります。どうしても、国際的に見て正常な姿にもっていかなければ長い競争はできない。これは他面から申しますと、農民に対して非常に低い米価でやることはよくない。麦は大体、国際価格になっている。米を何としても値段を上げて、それが日本経済のマイナスにならないように、徐々に上げて行きたいというのが私の念願であります。ほかに他意はございません。

木村　ただいま日本古来の考え方に従ってやるのだという、その点はどういう意味なんですか。

池田　ご承知の通りに、戦前は米100に対しまして、麦は64%ぐらいのパーセンテージであります。それがいまは、米100に対して小麦95、大麦85といったことになっております。そうした日本の国民全体の上から下と言っては何でございますが、大所得者も小所得者も同じような米麦の比率でやっております。これは完全な統制であります。所得に応じて、所得の悪い人は麦を多く食う、所得の多い人は米を食うような経済の原則に沿ったほうへもっていきたいというのが、私の念願であります。

木村　先ほど大蔵大臣が所得の多い者は米を食え、所得の少ない者は麦を食え、例えば農村を例にとれば、お百姓さんは昔のように稗《ひえ》でも粟《あわ》でも食え、米を食うのは主食の統制の結果だ。それだから、食習慣を昔に戻すためにこういう食糧の価格体系を考えたのである。こういう答弁でありましたが、これは非常に重大なことであります。

この質疑のさなか、野党席からは「重大発言！」「放言だッ」などとのヤジが相次いだ。翌12月8日の新聞各紙朝刊は、池田の発言をこぞって「貧乏人は麦を食え」と言ったとばかりに書き連ねた。池田としては、要するに戦前に比べ、現在の消費者米価は消費者麦価より安すぎるから米価を上げる必要があると言いたかったのだが、またまた言葉尻を見事につかまえられてしまったということだった。議事録では、「所得の少ない人は麦を、多い人は米を食うような価格体系が望ましい」とはしているが、決して「貧乏人は麦を食え」とはストレートには言っていないのである。

一方、明敏な蔵相秘書官である宮沢喜一は、さすがににがり切った。前回の「中小企業――」と報じられた発言はまだしも、こんどはなんともストレートに「貧乏人は麦を食え」では、どう見ても国民を高所得者層と低所得者層、金持ちと貧乏人に分けたような発言として響く。政治家の発言としては、失言の類いに入ることはまぬがれない。宮沢は「中小企業――」のときは口にしなかったが、さすがにこんどは池田を悟すように言った。「国民を階級分けするようなことは、これはいけませんね」と。池田はテレたような表情で、「わかったよ」といささか神妙にポツリ答えたのだった。

しかし、こうした〝反省〟も、すぐ強気に戻るのが池田の真骨頂であった。例えば、直後に広島県知事選の応援演説に駆けつけたのだが、案の定、聴衆から「待ってました、麦飯大臣！」などとのヤジを浴びた。池田はこれを受け流すように、こうブチ上げてみせたのであった。

「皆さんッ。日本国民は、ついこの間まで芋《いも》を食っていたではないですか。いまこうして麦を食えるようになったのは、一体、誰のお陰であるか。わが自由党内閣のお陰でありま す。この池田が貧乏人は麦を食えと言ったといいますがね、そのようには言っておらんッ。しかし、麦を食うのが悪いというなら、汽車の1等、2等、3等もすぐやめたらいいんです。そうでしょ、皆さん！」

宮沢は、ここでまたまた冷や汗をかいたが、どうしたものか池田家では妻、娘たち、こぞってが〝援軍〟だった。妻・満枝は後刻、こう語っていた。

「あのとき、池田は憤慨していました。『みんなのふところ具合に応じた暮らしをするのだと言ったのに、まったく分かっておらん』と。第一、私どもの家では戦争前から、ずっと健康を考えて米7、麦3の麦飯だったんです。主人はたしかに言葉の表現力は豊かなほうではありませんが、正直、ウソのなかった人です。公的な仕事でもウソを言ったり、ごまかしをやるような人ではないことを、私は120％信じていました。しかし、麦飯問題のときは、世間の声がつらかったのか娘たちも部屋に閉じ込もってしまって、強気の主人もいささか閉口していたのを覚えています」

さて、しかし、この「貧乏人は麦を食え」発言はそれ以上問題化はしなかったが、2年9カ月前に一度は蔵相不信任案を突きつけられた「中小企業――」発言が、改めて蒸し返されることになった。昭和27年11月27日、そのひと月前に第4次吉田内閣で大蔵大臣と通産大臣の兼務を解かれ、専任としての通産相に就任したばかりの池田は特別国会での代表質問に答えたのだが、これがまた躓《つまず》く結果となった。時の右派社会党の加藤勘十《かとうかんじゅう》が先の「中小企業――」発言に触れ、「その後の考え方に通産相として変化はないか」と問うた。

ここでまた、〝正直者〟池田の地が出たのである。よせばいいものを、念を入れてこう答えたのである。

「なんら変わるところはございません。インフレ経済から安定経済へ向かうとき、闇《やみ》など不当投機をやられた人が5人や10人倒産したり、倒産から思いあまって自殺するようなことがあってお気の毒ではありますが、やむを得ないことであることはハッキリ申し上げる」

早や答弁のさなかに、野党席からは「死んでもいいとはナニゴト！」などのヤジ、怒号、こうなればいよいよアウトである。

11月28日、野党の改進党、左右両派の社会党などが一致して、改めて池田通産相不信任案を提出した。結果、与野党伯仲の中、無所属議員が不信任案に乗り、賛成208、反対

201の僅差《きんさ》で可決されるに至ったのだった。

また、この不信任案可決は、長くその権勢を誇りながら、ここに至って池田をバックアップできなかった「ワンマン吉田」の権勢の凋落をも示唆することになった。

通産相辞職が決まった日、池田は記者会見で「人間としての修業ができておらんかった」としおらしかったが、その後、妻の満枝はホゾを噛《か》むようにこう明かしたものだった。

「やはり二日酔がよくなかったようです。前の記者会見の席でしゃべった『中小企業――』の話も、たしか前夜かなり深酒してましたから」

加藤勘十の質問に答えたその日も、前夜、池田はやはり飲み過ぎていたのだった。いつものように二日酔止めとして愛用していた「グロンサン」錠剤を口に入れて国会答弁に出たのだが、酒量はグロンサンの効果を遥かに上回るものだったのである。

息を吹き返した朝鮮戦争「特需」

一方、そうした中でも、池田はなお「強運の人」であった。

この間の昭和25（1950）年6月25日に勃発《ぼっぱつ》した朝鮮戦争により、日本経済が僥倖《ぎょうこう》を得たからであった。

時に朝鮮半島は、東西冷戦の接点としてしばし38度線は一触即発状態にあった。しかし、ついにこの日の朝、火を噴いた。この朝鮮戦争により、隣国である日本は「特需」と輸出増に救われ、逼塞した経済が奇跡的に息を吹き返すことになる。まさに、他人の不幸に助けられた感ではあったが、池田の強運ぶりの一方で、経済が救われたという点でも日本の強運ぶりも無視できなかったということでもあった。

朝鮮戦争勃発から1年後の直接的な「特需」は、なんと前年度予算の2割弱、3億2000万ドル（当時の換算で1152億円）に達したものだ。1000億円を超えるカネが突然降ってきたのだから、「特需」の持つ意味がいかに大きかったかがわかろうというものである。

一方で、「特需」とともに、輸出も大幅に伸びた。とりわけ鉄鋼と繊維のそれは凄まじく、鉄鋼は戦争勃発前の輸出が月3万トンにすぎなかったものが、朝鮮戦争が始まって間もなく急上昇を始め、昭和25年末には年間でなんと80万トンを記録している。じつに、27倍の輸出増である。また、繊維も同様、第2次大戦前にはそれまで1300万錘あった生産能力がわずか400万錘まで落ち込んでいたにもかかわらず、やはり朝鮮戦争勃発後はフル操業で、戦前の生産能力を取り戻したといった具合だった。こうした鉄鋼、繊維業界の大活況ぶりは「金へん景気」「糸へん景気」と呼ばれたものであった。

さらに、株価も朝鮮戦争勃発時の東証がダウ平均91円90銭と戦後の証券市場再開以来の安値をつけたものだが、翌26年末にはたった1年半で約80%増の166円という凄まじい急上昇ぶりを見せたのだった。

ちなみに、この降って湧いた好景気に世相も浮き足立ち、朝鮮戦争勃発から早や2カ月足らずで大阪に日本で初めてのアルバイト・サロン（通称「アルサロ」）なるものが出現した。プロのホステスではなくシロウト女性ばかりを集め、店の看板のキャッチフレーズにいわく「バーでもキャバレーでもビヤホールでもないアルバイト・サロン！」とあった。当時の新聞報道によると、大阪キタの〝日本初〟アルサロ「ユメノクニ」の支配人談として、「ちょうど学生アルバイトという言葉が流行りだしたこともあって、アルバイトと謳《うた》ったところが新鮮に感じられたのでしょう。30人募集のところに、なんと900人も集まりました」とあった。

その後、この〝アルサロ商法〟は当たりに当たり、1年半ほどの間に全国で200軒を超えたのであった。イモがゆをすすり、暗い敗戦の影を背負い続けてきたものの、ここに来てのヤミ屋などでひと儲《もう》けのニワカ成金たちが跋扈《ばっこ》、アルサロ女性たちの嬌声《きょうせい》に心の解放を求めて列をなしたということだった。若い女性また、粗末な服装から店だけにせよカラフルなドレスを着用してみたいという余裕も出始めていたということでもある。世の好況、不況は、常に世相が映しだしているのである。

かくて、超均衡予算（「ドッジ・ライン」）と「シャウプ勧告」による税制改革、そのうえで不況の躓きを見せたものの朝鮮戦争による「特需」景気に救われた池田財政、結果的にはこれらの要素はすべて以後の高度経済成長社会への踏み台となったのだった。

「特需」景気の真っ只中、新聞記者との懇談で酒が入ると、池田は表情を引き締めてこう言った。

「君たち、浮かれていてどうする。この好況は、断固、一時的なものにしてはならない。あくまで、経済の合理化、自立への出発点にしなければならんのだ」

試練の中で、池田は単なる財政家から政治家へと変質していくことになる。

経済白書いわく「もはや戦後ではない」

朝鮮戦争による「特需」を起爆剤とするように、その後の日本経済は戦後復興へ向け、改めての立ち直りをみせた。

そうした中で、昭和31（1956）年度の「経済白書」は、早や「もはや戦後ではない」とのキャッチフレーズを掲げたものであった。この「白書」は、復興経済への〝訣別《けつべつ》宣言〟

であったとともに、「それでは敗戦経済から訣別後の日本経済が向かう道はどこか」ということに対する回答でもあった。次なるイノベーション（技術革新）時代への幕開け宣言ということでもあったのだった。

一方、この「白書」が「もはや戦後ではない」とした論拠は、戦前の昭和9年から11年までの経済指標の平均値を100とし、これを上回る水準に達したことを示したものだった。戦後間もなく多くのエコノミストたちが声を揃えた「戦後復興が最も早く進んだ場合でも10数年はかかる」との分析、読みを、わずか10年足らずで驚異的に克服してみせたということでもあった。

しかし、戦前レベルに達したとはいえ、当時の日本のGNP（国民総生産）は世界の中の比重ではわずかに2％に過ぎず、これは当時のアメリカのGNPのじつに12分の1にすぎなかった。こうした背景がまた、イノベーション時代への突入への必要性を惹起《じゃっき》したということでもあったのである。

こうした中、権勢をほしいままにした吉田内閣はついに終焉を迎え、第5次内閣をもって吉田は退陣、そのあと政権は鳩山一郎《はとやまいちろう》、石橋湛山、岸信介と移っていく。

そうした政権を振り返れば、鳩山政権はより外交、とりわけ日本とソ連（現・ロシア）との国交回復へ向けて力点がかかり、戦後経済再建へ向けてのとりたての実績は乏しかった。昭和30（1955）年11月15日の時の自由党と民主党との合同、すなわち今日の自由民主党のスタートとなる「保守合同」を置き土産にするかのように政権を降りた。しかし、その後、自民党と社会党との2大政党によるいわゆる「55年体制」の中で長く政権交代は行われず、皮肉にもこの保守（自民党）による独占的体制が、のちの高度経済成長を政治的側面から支えたという見方もできる。この間、政権交代とはならなかったことが、高度経済成長へ向けての背中を押したということである。

鳩山の次の石橋政権は、経済・財政の論客だった石橋のケインズ流積極財政での経済復興を目指したものの、首相就任直後に病いを得、わが国の内閣史上東久邇《ひがしくに》内閣の54日間に次ぐ、わずか65日間で退陣をよぎなくされたことでその夢は果たせなかった。

その石橋政権の後を、岸が継いだ。岸は、悲願の日米新安全保障条約を成立させたことで、経済復興への意欲を問われる部分もあるが、結果的にはこの「日米安保」が高度経済成長への〝土台〟となったという側面もある。「日米安保」によりアメリカの軍事的庇護《ひご》下に入ることになり、日本は巨大な軍事費を抑制することで高度経済成長を可能ならしめたという側面である。

一方、岸政権時代の経済、景気はというと、イノベーション時代を確実に突っ走り、「大きいことはいいことだ」の世論の合唱の中で、設備の大型化、大量生産、大量消費が急テンポで進んだ。鉄鋼業では、「製鋼革命」と言われたLD転炉の導入の中で八幡製鉄、川崎製鉄などの大手鉄鋼業界での新鉄工場の建設が相次いだ。また、石油化学業でも、三菱油化、住友化学などがコンビナート・ラッシュの時代を迎えたということだった。

そうした中で、昭和30年代の消費を特徴づけた〝家電ブーム〟に火がつき、白黒テレビ、電気冷蔵庫、電気洗濯機が「三種の神器」と持てはやされ始めた。白黒テレビ受像機で見れば、昭和30年10月にやっと10万台に達したものが、翌31年6月には21万台、同年11月には30万台を突破するなど、テレビの人気がそれまでのラジオを上回ることになったのである。

さて、吉田内閣下で戦後経済の立て直しに腐心した池田勇人は、吉田退陣後の石橋内閣で蔵相、その後の岸内閣でも蔵相留任あるいは通産相として重用されたうえで、昭和35（1960）年7月14日、東京・日比谷公会堂での激しい自民党総裁選を勝ち抜き、自民党第4代総裁となり、7月19日に第1次池田内閣を成立させることとなった。大蔵省復職時には、夢にも思わなかった僥倖《ぎょうこう》でもあった。

総裁に決まった直後、常に池田のブレーキ役だった側近の大平正芳は、例によってと言うべきか、こう池田に進言した。

「総裁というイスは、あなたにとって思わざる拾い物ですから、いつ離れることになっても悔いはありませんね。できたら、〝長期政権〟などということは、一切、口にされないようにお願いしたい」

池田は、「そうだな」とだけ答えた。大平は、池田首相の〝女房役〟として官房長官に就任することとなった。

そしての、いよいよの第1次池田内閣組織。元・毎日新聞政治部記者として池田との親交が深かった土師《はじ》二三夫は、筆者にこう振り返ってくれたことがある。

「私の目から見ても、池田は首相になって変わり過ぎるほど変わった。自民党総裁に決まったときはそれほどでもなかったが、国会で首班指名を受けた次の日から、態度、言葉尻など、すべてが一変した。歩き方もそれまではセカセカ歩きのほうだったが、一歩一歩踏みしめて歩くようになったし、あれだけ親し気に大平のことを『大平クン』と呼んでいたのも、ピタッと『大平官房長官』と呼ぶようになった。また、冗談好きが冗談を言わず、笑い顔は完全に消えた。首相になったことを、本当に厳粛、真剣に受け止めていたのがひと目で分かった。のちに池田が、首相に決まったときの心境を、『銃口の前に立つ思いだった』と言っていたのがよくわかった」

かくて、わが国資本主義史上空前となる高度経済成長が、池田首相の手により本格的に動きだすことになるのだった。

第三章

爛熟期を迎えた高度経済成長

東海道新幹線と日劇＝1964（昭和39）年12月、東京・有楽町付近　共同通信社／アマナイメージズ

ケインズ経済学の「下村理論」に傾倒

池田勇人が牽引《けんいん》した高度経済成長への画期的な「所得倍増政策」の生成過程は、しかし決して順調にいったものではなかった。それまで、約5年間にわたる池田を取り巻く政治家、大蔵官僚、経済学者たちの真剣、血みどろの戦いがあったのだった。

まず、池田と経済学者・下村治《しもむらおさむ》との紐帯関係があったことが、その出発点となる。下村は池田の大蔵省の後輩にあたるが、若くして出色の近代経済学理論を持ち、在職中に経済学博士号も取っている秀才であった。この下村が、終始、池田による所得倍増政策の理論的サポートを担った。つまり、下村なくしてのちの池田の所得倍増政策はなかったということでもある。

二人の接点は、こうであった。

下村は、大蔵省に2番の成績で入省している。しかし、下村は大蔵省のキャリアがほとんどそうであるような東大法学部の卒業ではなく、同じ東大でも経済学部の出身である。学生時代はケインズ理論を勉強、その頃から下村の経済学に対する論理的な明晰さは、他の優秀な学生たちを遥かに圧倒していた。ある日、学生の提出したレポートを読んでいた当時の東大教授・大内兵衛《おおうちひょうえ》は一読後、ウームと唸《うな》りながら、「これはどこかの教授が書いたものではないか」と語ったというエピソードがあるほどだったのだ。

大蔵省入省後、下村は大蔵省同期や後輩を集め、ケインズの「貨幣論」の原書講読会を主宰した。いわば、〝下村先生〟を中心とした勉強会である。ここに集まる大蔵省エリート法学部出身者たちは法律に関しては長《た》けているが、もとより経済に関しては下村にかなうはずがない。彼らにとってのこの勉強会は、常に「下村理論」をひたすら聞くことでもあった。決して大蔵省主流の法学部出身ではないが、下村は将来、必ずや局長、次官になるだろうというのが、そうしたエリート法学部出身者たちの一致した見方でもあったのである。ところが、下村は学生時代から肺結核を患うなどで体が弱く、これがのちのちまで響いて傍流を歩み続けるしか術《すべ》がなかった。

その下村は昭和25（1950）年11月、調査部の専門調査官の辞令をもらうこととなった。この部署は経済指標のチェック、分析などが主な仕事で、行政の実情からは一歩離れたところにあった。

一方で、当時のこの調査部は、省内では「サナトリウム」とカゲ口をたたかれていた。なぜなら、調査部長の石野信一《いしのしんいち》（のちに次官。太陽神戸銀行頭取・会長）、次長の谷村裕《たにむらひろし》（のちに次官。公取委員長、東証理事長）にしてからが病み上がりで、他の職員も同様に病気の回復途上の者ばかりで全員がヨロヨロしており、さながら療養所のおもむきを呈していたのである。ために、出勤してくるのは週に1日か2日、しかも午前中いた者は午後には早々と退庁して病院へ行ってしまうか、居てもソファにぐったりと体を預けている者が多いといった具合だったのだ。

その調査部に、昭和26（1951）年、池田がジョセフ・ドッジと組んでインフレ終息に持っていった3年間の、いわゆる蔵相回顧録をまとめる仕事が回ってきた。池田自身は自ら筆を取るような面倒なことはご免、調査部でうまくまとめてくれということである。下村も、このうちの何章かを担当させられた。言うなら〝代筆〟ということである。

この池田蔵相回顧録は、のちに「均衡財政」のタイトルのもとに出版を見るのだが、下村の担当した章の一つの「日本経済はどうなるか」には、折りから1年半ほど前に勃発していた朝鮮戦争により活況を帯び出していた日本経済の中で、下村は仮にこの朝鮮戦争がなくても「日本経済は輸出増と技術水準の向上とで自立できる」「日本人本来の勤勉さと工夫が光を放つようになれば、国民生活が向上することにいささかの疑念もない」と、自らの考え方がさり気なく入れられていた。振り返れば、その後の日本経済はまさに、この下村の指摘した通りになっていくことになる。

そしての昭和31（1956）年、下村は相変わらず大蔵省での行政担当の主流からはずれ、ここでは大蔵省から出向の日銀政策委員のポストにあった。このポストは要職ではあるが、下村からすれば時間もたっぷりある〝閑職〟といってよかった。これをいいことに、勉強好きの下村はまた勉強会を主宰した。こんどの勉強会の趣旨は、近代経済学の立場からケインズの「乗数理論」を研究し、そこから日本経済の展望を試みるというものであった。

ケインズの「乗数理論」とは、簡略すれば「投資が増大するにつれ総需要が増える。そのことで生産が拡大し、所得もまた増える」というものである。つまり、「投資の増大」は「総需要の増大」「生産の拡大と所得の増大」と、3段階にわたって波及効果を生んでいくとするものである。

しかし、ここから先が「下村理論」の真骨頂であった。下村は経済変動を見る視点に、これに加えて「経済の成長」の観点を置いたことが白眉《はくび》だった。しかし、一方で3段階の波及効果の中で、例えば生産性が急速に向上するといった事情が加わった場合はどうなるかの問題が出た。イノベーション（技術革新）などにより、こうしたケースも十分あり得るからである。

この点に関し、下村はズバリ、この勉強会で次のような結論を下したものであった。

「それでも、所得もまた増大する。つまり、経済は成長する」「経済全体を国際均衡と国内均衡の同時達成という条件で考える」「経済の成長を促進するのは、イノベーションと設備投資である」とし、これをやがての日本経済に当てはめれば、投資が増大、イノベーションも加わって、大きく成長していくことは間違いないとしたのだった。

さて、池田がこの下村の勉強会に「君、行け」と参加を促したのは、池田と大蔵省入省が同期だった田村敏雄《たむらとしお》という人物だった。この田村は専門学校出身のノンキャリア組であったため、大蔵省では陽の当たることがなく、見かねた池田が大蔵省外郭団体の大蔵財務協会というべきいわば大蔵省の共済組合のような団体に押し込んだという経緯があった。やがて、田村は池田の信任を得、池田派「宏池会」ができるとその事務局長として迎えられ、以後、池田とは切っても切れぬ間柄になっていくのである。ある意味で、ブレーンとして池田の〝黒衣《くろご》〟に徹し切ったこの田村なくして、先の下村同様、のちの池田政権のフル回転はなかったと言ってもよかったのである。

田村は長年コツコツと培ってきた自らの人脈を生かし、この勉強会に錚々《そうそう》たる顔ぶれを加えていった。時に、池田が蔵相経験も長く、第2次岸内閣で無任所の国務大臣として入閣した直後であったことからも、人は集まりやすかったという側面もあった。

下村をはじめとして、かつて満洲国の総理格でキレ者の名をほしいままにした当時、東京ヒルトンホテルの副社長だった星野直樹《ほしのなおき》、下村の経済理論にいち早く着目していた経済評論家の高橋亀吉《たかはしかめきち》、同じく企画院や経済安定本部（のちに経済企画庁に改組）を経て経済評論家になった稲葉修三《いなばじゅうぞう》、東京銀行副頭取をやった伊原隆《いはらたかし》、日本開発銀行総裁経験者の平田敬一郎、国民金融公庫総裁経験者の柳田光男の7人がまず参加した。伊原、平田、抑田はいずれも大蔵省では池田の後輩にあたっていた。その後、のちの東京銀行頭取の堀江薫雄《ほりえしげお》、同じく関西電力副社長の上野幸七《うえのこうしち》、同じく日本開発銀行総裁となる石原周夫《いしはらかねお》らも加わることになるのだが、当初のメンバーの下村以下7人は、当時ヒットした黒沢明《くろさわあきら》監督の映画にちなんで「七人の侍」と呼ばれていたのだった。

この勉強会は毎週木曜日にホテルでの朝食会、昼食会と合わせて行われたことから、誰言うとなく、「木曜会」と呼ばれていた。日本経済の歴史的勃興期、この「木曜会」はまごうことなく、池田の経済ブレーンとしてその重責を担ったのだった。

「経済成長は年率9%が可能である」

「木曜会」は、まず下村の経済分析報告を中心にして討議され、その結果はレポートとして池田のもとに届けられた。池田自身は、当初は、毎週、顔を出していたが、閣僚としての多忙さからやがて顔を見せることがほとんどなくなった。多忙ではあったが、それ以上に経済には絶対の自信を自負する池田としては、いかに下村とはいえ大蔵省後輩の講義を直接受けることを、生来の性格からして快しとしなかったこともあったようであった。しかし、池田は「木曜会」から届けられるレポートを半ば楽しむように、一方でじつに丹念に読んだとされている。

例えば、「昭和32年度約10兆円のGNPは、年額1兆円増加させていくことが可能である。いまや日本経済にはそれだけの力が備わってきている」といった内容が届くと、池田の顔にはしてやったりで赤味が射してくるのだった。このレポートについて、池田は「木曜会」を取り仕切る田村にこう言った。

「経済企画庁が立てている5カ年計画では、GNPの伸び率6・5%だ。それでも過大だという声が強いのに、年率10%の伸びというは凄い。GNPが本当に年率10%で伸び続けたら、7年で2倍になっしまう。悪くても、10年で2倍だ。10年でGNPが2倍なら、国民所得も2倍だ。月給は、10年で2倍になるな」

そうした中で、昭和35年7月、ついに池田は首相の座に就いたのだった。第1次池田内閣が発足した当時、下村は先の読めない大蔵省を辞め、日本開発銀行の理事ポストにあった。その下村のもとに、「木曜会」の田村から緊急の依頼が入ったのだった。田村の依頼は、もとより池田本人からの依頼ということであった。田村は、下村にこう言った。

「今後10年間に、日本の経済はどのように伸びていくのか。池田君は、それをGNP、輸出額、国民一人当たりの所得など、項目別に1年ごとの数字で知りたいと言うんだ。しかも、これは急ぐ。1カ月、1カ月でなんとか出してほしいのだが」

田村の話を聞きながら、下村はいささか笑みを浮かべて池田の顔を思い浮かべた。〈政権を取った池田は、このオレの経済成長論を具体的な政策として打ち出すつもりのようだ。それにしても、数字で出せとはいかにも池田らしい……〉

しかし、下村の笑みは、ややあって真顔に戻った。〈しかし、なにしろこれは大変に手間のかかる作業だ。それを、たった1カ月で果たしてできるかどうか……〉

結局、下村はこれを引き受けることとなった。その日に、下村は門下の大蔵省の若手後輩に声をかけ、項目の洗い出し作業から手をつけることにした。GNP、その伸び率、設備投資、減税、政府投資、輸出額、物価騰落率、国民消費、日銀券流通高、就業人口、農業人口といった具合に、数字が関連している項目を片っ端からピックアップしたのである。

問題は、そこに当てはめていく数字であることは言うまでもない。すべての数字の軸になるのはGNPの伸び率、すなわち経済の名目成長率ということになる。その名目成長率をわずか0・5%、1%変えるだけでも、項目の数字はすべて大きく変わってくる。

さて、下村は、この数字を池田にどう提示したか。ズバリ、スタートの昭和36年度を11%と設定したのだった。以後も昭和30年代は毎年11%台という高い成長率になると予測し、昭和40年度になって10・7％、最終年の昭和45年度に9・1％になるとしたのである。この成長率でいけば、GNPは7年足らずで2倍、同時に国民の取り分すなわち国民所得も2倍になるとの計算である。

約束の約1カ月後の8月中旬、こうしてまとめられた項目別の数字は、田村を通じて池田のもとに届けられた。いまのような安直な計算機もない時代である。そろばんと手動の計算機による徹夜続きの作業の末にであった。そのうえで、下村は自信をもって田村にこう伝えた。

「10年で倍増に数字を合わせるというのは、なんとも不自然ではありますね。昭和34年度の名目成長率は、すでに15・5％に達している。こうした折角の成長力を減殺させてしまう必要はない。いまの日本経済には力があるんだから、自然に伸ばしてやるほうがいい。7年で倍増達成ということでいいんじゃないですか」

ところが、下村が苦労してつくり上げたこの案は、池田のもとに届くと問題が出た。折りから、経済企画庁の臨時経済審議会でも10年間の所得倍増計画を作成、その際の年間成長率は7・2％という予測答申を出していたからであった。いくら池田が成長率を高くして所得倍増を一刻も早く実現させたいと考えても、経済審議会との間に摩擦が起きては何も進まない。下村による11％成長と、臨時経済審議会の7・2％ではあまりに大きな開きがあり過ぎる。田村が頭を抱えていると、池田はいとも簡単にケロリ、こう言ったのだった。

「よし、成長率は9%でいこう。もう1回、表をつくってもらおうじゃないか」

田村は、下村の性格を知り抜いている。下村が誇りを持ってやった仕事を、ハイそうですかとやり直すわけがない。田村は困り果てた末、池田に質した。

「しかし、なぜ9%なんですかね」

池田の答えが、フルっていた。

「11%と7・2%の間くらいだからだ」

しかし、この時点、田村としては、この煩雑な仕事を下村にもう一度お願いするとは言えない。しかし、困った田村は、下村に〝仁義〟を切る形で平身低頭、改めて池田の考え方を説明、数字の手直し作業を願い出てみた。結局、下村は「しょうがねぇな」という顔をしながらも、うなずいてくれたのだった。

それからの下村門下生たちは、それこそ不眠不休の1週間となった。GNPの伸び率を9%に設定、残るじつに84項目に及ぶ10年間の数字をつくり直して池田のもとに届けたのである。池田はしごく満足気にうなずいたものであった。

岸信介が横取りを策した「所得倍増政策」

一方、池田によるこうした「所得倍増政策」の生成過程では、さらにこの政策の推進を力づけたエピソードがある。

翌昭和35（1960）年の日米新安保条約の締結に向かって本格的に踏み出すことになる岸信介の自民党総裁再選が決まった前年の34年1月24日の約3週間前の1月3日、池田は正月気分の中で新聞各紙を開いていた。目に止まったのは一橋大学経済学部教授・中山《なかやま》伊知郎《いちろう》による読売新聞の「賃金二倍の提唱」という小文であった。

その一文の要旨は、次のようにあった。

「日本経済の未来像は福祉国家の建設にあろうが、これに接近するための具体的な形として、賃金二倍の経済を提唱してみたい。

現在の低生活水準のもとでの生産や輸出に憧れた日本の経営者からは、当然、反対の声が起こるかも知れない。しかし、それは、逆に言えば生産能率の問題である。生産能力の上昇力が二倍の賃金を可能にするなら、それを拒否する理由はない。すでに、数年前にアメリカのＣＥＤ（経済開発委員会）は賃金倍加を提唱し、労働者の協力を求めた。アメリカにできることが、日本の経営者にできないことはない。突っ込んで言えば、現在までの水準を続けていけば、いつの日にか賃金は二倍、いや三倍、四倍ともなるだろう。いずれ来ることなら、戦略的な目標として行動に移ったほうが賢明である。

その賃金倍加の前提となるのは、それに値する生産力を持ち、そのための資本蓄積を図ること、技術の導入、貿易による市場確保などである。貧乏という事実を克服するのが現代的要請であり、二倍の賃金という目標は、まず労使の共同目標とし、やがて国の政策として具体的な日本経済の未来像の一歩となり得るものと考える」

池田はこの一文を読み終わったとき、まさに〝我が意を得たり〟、目からウロコが落ちる思いであった。もともと自分の中にある国民経済成長論と、一致するものを発見したからである。池田の脳裡には、この趣旨に理論的肉付けをし、やがて自分が政権を担う際の公約の根幹とすべきとの考えが、頭をもたげてきたということであった。

この中山による一文は、前尾繁三郎、大平正芳、宮沢喜一、黒金泰美《くろがねやすみ》、鈴木善幸《すずきぜんこう》、伊藤昌哉らの池田側近ブレーンにより、ただちに肉付けがほどこされた。その結果は早くもこの年の池田派「宏池会」の機関紙「進路」に、池田の署名で「私の月給二倍論――再説」として掲載された。再説とは、それまでにも池田は「進路」に似たような趣旨の国民経済成長論を書いていたからであった。

一方、この頃、池田は講演会などで、この「月給二倍論」をしきりにブッて歩いていた。また、例えば新聞記者と一杯やりながらの懇談の席でも、こう言っては記者の目をシロクロさせたりもしていたのだった。

「いいか、これからの日本はよくなるぞ。君たちの月給も、10年経てば倍だ。日本経済はどんどん大きくなって、農村の潜在失業人口だって工場に流れ、農村人口はいまの3分の1になる。君たちは勉強不足で信用せんだろうが、絶対になるッ。例えばだな……」

次いで、得意の数字を並べあげ、自信たっぷりに力説したのだった。しかし、聞いている記者たちにとっては、突然そんな夢物語を聞かされても、すぐにピンと来るものではない。むしろ、こういうときは池田に気持ちよくしゃべらせておき、旨い酒と肴《さかな》をごちそうになったほうが得策であることを誰もがよく知っていた。記者がそれとなくうなずく姿に、池田の上機嫌ぶりはますますエスカレートしたのは言うまでもなかった。

ちなみに、「月給二倍論」についてのエピソードは、もう一つある。

池田は岸首相の強い要請により第2次内閣で無任所の国務大臣として入閣していたが、昭和33（1958）年12月、突然「岸とオレは世界観、政治姿勢が違う」と閣僚を辞任してしまったという経緯があった。岸政権は池田と佐藤栄作の二人が大きな支柱であったが、池田が下野してしまったことで、政権の安定がいささか揺らぎを生じた。こうなると、岸としては日米新安保条約締結への悲願に影が射しかねない。何か、目玉となる政策が欲しい。目をつけたのが、池田による「月給二倍論」だったのだ。

ここで、岸は国務相を辞任して間がない池田を「君の政策を実現するためにも、是非、入閣してほしい」と、改めて第2次改造内閣での通産大臣としての入閣要請をしたのである。

池田としては、岸には「世界観、政治姿勢が違う」として閣僚を辞任したもののそこは〝政治家〟、池田側近らの異論を抑え、「このまま在野にあっては政権は遠のく」との読みからさっさと入閣してしまったのだった。

結果、昭和34（1959）年6月、池田の「月給二倍論」はこの第2次岸改造内閣で「所得倍増方針」として閣議決定、ただちに経済企画庁の臨時経済審議会に諮問されることになったのだった。のちに、池田内閣で打ち出された「所得倍増計画」を、池田政権になって生まれたものと思われている読者諸賢も多々いるだろうが、じつはその原型は岸内閣のもとですでに閣議決定されていたということだったのだ。

「経済成長そのものは目的ではない」

さて、池田内閣発足に伴って所得倍増政策を軸とした自民党による「新政策」がつくられたが、これが発表されるまでの数日間、こんどは池田と経済企画庁との間で意見がぶつかった。時の経済企画庁長官は迫水久常《さこみずひさつね》である。振り返ってみれば、迫水がかつて大蔵省理財局金融課長だった頃、下村治は大蔵省に入省して間がなく財務書記としてニューヨークに駐在、帰国して配置された先が迫水の下だったという因縁があった。迫水としてはなんとか池田がバックにいる下村の顔を立ててやりたいが、経済企画庁としてはそう易々とは呑めないということだった。

元サンケイ新聞政治部長・吉村克己は、そのあたりの迫水の苦悩を、次のように明かしている。

「迫水は、こう言っていた。『臨時経済審議会の答申がまだ現われない前に僕は長官になったが、池田首相は僕を呼んでとても（成長率は）7・2％どころじゃないぞと言われた。その当時の日本の全般的な空気は、（池田首相とは逆に）毎年7・2％の成長なんてあり得るはずがない。経企庁の内部では、アメリカは3％、ヨーロッパでも3～4％の成長だ。

日本はせいぜい6・5%ぐらいというのが、一般的な空気だった。それを、池田首相は9%でいくと言うんだから困った。（経企庁による）所得倍増計画は下村理論とはだいぶ違っているので両論がうまく消化できず、9%成長政策は非常にぎごちないものになった。しかし、池田首相は下村理論を展開して、〝10%や11%でも何でもよい〟と言われる。僕は非常に困って、とにかく表面を糊塗《こと》する形で9%で妥協するより仕方なかった』と」（『池田政権・一五七五日』）

結局、成長率の手直しは迫水による「表面を糊塗する形で」行われたうえで、ここに「下村理論」による池田新内閣の所得倍増政策が発表されるに至る。

第1次池田内閣の発足から約1カ月後の昭和35（1960）年9月5日、これは自民党から9項目からなる「新政策」として発表され、ここに池田による所得倍増政策の全貌が明らかになったのだった。

その「自民党新政策」9項目とは、次のようなものであった。

①民主政治の擁護と行政の刷新
②平和外交の推進と安全保障
③経済成長政策と完全雇用の達成
④1千億円以上の減税

⑤社会保障の画期的拡充
⑥農村漁業基本政策の確立
⑦中小企業の近代化
⑧文教の刷新充実と科学技術の振興
⑨青年婦人対策の推進

この中で、池田が最も力点を置き、最も言いたかったのが、この「新政策」の目玉とも言える「経済の高度成長の結果として、国民の所得が倍増することが目的であり、経済成長そのものは目的ではない」と謳った3項目の「経済成長政策と完全雇用の達成」であった。

ちなみに、「新政策」における「経済成長の目標」は、さらに次のように解説されている。

「昭和35（1960）年度におけるわが国経済は、前年度に引き続き高度の成長を遂げ、GNPはほぼ13兆6000億円、一人当たりの国民所得は約12万円に達する見込みである。このような趨勢《すうせい》にかんがみ、来年度以降3カ年においては年率9％の成長を持続させ、昭和38（1963）年度においては国民所得が30％増の17兆6000億円、一人当たりの国民所得が26％増の約15万円に達することを目標とする。

このような経済成長力を適切に指導、推進することによって、今後10年間におおむね二倍以上の所得水準に到達させ、完全雇用を実現し農村漁業その他の産業間、大企業と中小企業、地域間等における所得の均衡を図り、生活能力の弱い者にも生活を保障することを目的とする」

これを敷衍《ふえん》した形で、池田は「新政策」発表から2日後の9月7日、記者会見をし、質疑の中でさらに具体的な高度成長論を次のように展開してみせている。それまでの歴代首相には見られなかった、数字で裏打ちした池田の自信に溢《あふ》れた主張であった。以下は、そのときの池田と記者団との一問一答である。要約、抜粋してみる。

問　新政権の基本は国民所得を10年で2倍にするという積極的案だが。

答　政治とは国民生活を引き上げ、社会保障を充実させることである。10年間に所得を倍増するには、年7・2％の経済成長が必要となる。過去5年間の成長率は9％を越えている。これから見て、成長率9％と見るのがなぜ悪いかだ。過去の成長率より、低目に見ていくのが忠実だと思う。税の自然増加1000億円も出るのは、本当の予算ではない。自信をもってやるのが、政治家の任務ということである。

今年度の経済成長率は、10％を越えるのは確実である。私は11％を越えると見ている。15歳以上の労働人口は、37、38年頃には1700万から1900万人ぐらいに増える。

いまから、その準備をしておかなければならない。ひっ込み思案ではいけない。また、農林水産業は現在1600万人で、10年後には私は3分の1くらいになると密かに思っている。こうなっても、先進諸国に比べると農林水産人口の比率は高い。高い経済成長を維持すると、国際収支が赤字になる心配があると言われる。去年は外貨が2億ドル増えた。私は、9％の成長率は低過ぎると叱られると思っていたくらいだ。

問　貿易の自由化から国際収支を心配する向きもあるが。

答　取り越し苦労をする必要はない。（昭和）24年、私が蔵相のとき手持ち外貨はゼロだった。いま、15億6000万ドルもある。輸入原材料が増えて外貨が減っても、綿花、石油、羊毛の在庫が増えなければ心配はいらない。自由化は、それ自体が目的ではない。貿易拡大のための手段である。最近、輸入が増えるのは機械類である。これは、将来の輸出の設備をしているので心配はいらない。

問　所得倍増計画は大企業だけに有利で、中小企業、農村など格差がますます拡大することにならないか。

答　それは、経済の質の問題である。経済発展の遅れているときは、大企業を伸ばすのがいい。むろん、中小企業のことも考えている。輸出はGNPの10％ぐらいで、大都会は大衆消費である。これによっても、大衆の生活をよくすることは重大なことだと思っている。

問　最近の物価の上昇をどう思うか。

答　たしかに、小売物価は上がっている。鉄道運賃と郵便のうち、ハガキ、封書は上げない。小売物価の値上がりは、野菜、豚肉の値上がりなど、台所にひびくものが多い。これは、なんとかしなければならない。しかし、経済的に心配なのは卸売物価である。卸売物価は国際収支にひびく。これは、そう上がっていない。小売価格は、国としては二義的である。

問　経済拡大の実現に失敗したときの責任はどうするか。

答　一挙手一投足について、総裁、首相として責任を取る。経済成長の9％見込みが、8％あるいは10％になったということは、先の先のことだ。問題は、考え方そのものにある。

結果、池田内閣は成長率の手直しのうえ「下村理論」をベースとした所得倍増政策の全貌となるこの「自民党新政策」を、内閣発足から約5カ月後の昭和35（1960）年12月26日、第2次池田内閣で正式に「国民所得倍増計画」として閣議決定、翌年4月から実施に移したのだった。

時に、岸信介内閣が日米新安保条約をめぐる騒乱の責任を取った形で退陣したあとだったこともあり、池田としては岸時代の「政治の季節」から「経済の季節」への転換を試みたものでもあった。

池田内閣の官房長官だった大平正芳は、池田がこうした政策を持ち出した背景を、後年、こう語っている。

「（池田の政策は）いまの日本の置かれた状況で、日本人の知識と労働、技術、貯蓄力をうまく活用していけば10年間に実質所得が倍にならないはずはないというもので、政治より経済、〝花より団子《だんご》〟に国民の意識を振り向ける一つの契機となった」

戦後歴代政権のそれまでの経済・財政政策は、まず生産量を倍にすることに腐心しており、池田が登場するまで賃金すなわち個人の所得が倍になるという概念で、経済・財政政策を見ることはなかったのである。それまでの安定成長路線への訣別が、ここで初めて成ったということでもあった。

進行する石炭から石油へのエネルギー革命

昭和35（1960）年7月発足の池田内閣は、極めて順調なすべり出しと言えた。

日本政治史上初の女性閣僚として中山マサを厚生大臣に起用して世間の関心を高める一方、「寛容と忍耐」を政権のモットー、キャッチフレーズとした。言うまでもなく、池田にはかつて「貧乏人は麦を食え」「中小企業が倒産してもやむを得ない」といった高圧的な〝放言〟の前科がある。そのうえで、池田の平素の言動には、いささか横柄とも言える自信家ぶりがチラついていたからだった。

そのあたりを、一番案じたのが官房長官の大平であった。政権発足後間もなく、池田首相と大平官房長官が二人並んで、官邸の食堂でカレー・ライスを食べている写真をあえて表に出した演出も、池田のエリート臭さを払拭《ふっしょく》するための大平の知恵であった。

首相になった池田が自ら「寛容と忍耐」の姿勢で臨むことを口にしたのは、「自民党新政策」が発表されたあとの記者会見の場だったが、じつはこれは2カ月前の自民党総裁選直前、陽明学者・安岡正篤《やすおかまさひろ》から官邸に入った1本の電話がキッカケだった。安岡は池田派「宏池会」を命名した人物でもある。また、終戦の招勅に朱を入れ、昭和から平成への改元にも関った泰斗《たいと》でもある。電話口に大平が出ると、安岡はこう言った。

「池田さんは間違いなく総裁になるでしょうが、大事なことは決して高飛車に出てはいけないということです。謙虚に、抑えた姿勢で臨まれるべきです」

大平にとっては、しごくもっともな話である。池田にその旨を伝えると、池田はテレたように「わかっている」と答えた。そのうえで、大平が中心になり他の側近らと、これを「寛容と忍耐」という言葉に置き換えたということだった。

ちなみに、この「寛容と忍耐」の〝語源〟には諸説がある。首相秘書官だった伊藤昌哉によれば、池田が岸内閣の国務大臣としてアメリカのシアトルで開催されたコロンボ会議に出席した際、時のシュナイダー米財務長官から、哲学として政治というものを「PATIENCE AND TOLERANCE（辛抱と寛容）」と考えていると説かれ、これを思い出した池田が容認したという説が一つ。もう一つは、当初、大平が「辛抱」という言葉を出してみたがどうも語感が貧乏くさく、これが「忍耐」と言い直され、同じ側近の宮沢喜一が得意のヨコ文字から、イギリスの哲学者にして経済学者のジョン・スチュアート・ミルの「自由論」の原書にあった「TOLERANCE」を思い起こし、「寛容」をくっつけたというものであった。

大平のこうした知恵はまた、池田の国民と遊離した私生活では好ましい印象を与えないとし、これを官房長官としての記者会見で「総理は一切の宴会とゴルフには出ない」と言い切ったことにも表われている。池田との事前のすり合わせでは「芸者の入る宴会とウィークデイのゴルフには出ない」だったが、大平は芸者もウィークデイも取っぱずし、記者会見では「一切出ない」としたのだった。

さて、池田政権は順調なすべり出しを見せたものの、懸案、難題にも直面した。折りから、時代は石炭から石油へと急速にエネルギー革命が進行、石炭産業の終焉《しゅうえん》を告げる前徴としての労使対立で泥沼化していた、三井三池大争議の決着を要求されていたからであった。この大争議は池田内閣にとっては単なる一民間企業の労使対立という決着だけでなく、岸内閣の安保騒動以来引きずっている労使対立を軸とした「全保守と全革新」といってもいい世相の混乱でもあり、その収拾を迫られていたということであった。

しかし、池田はなんともツイていた。この石炭から石油へのエネルギー転換の世界的な時代の流れがあったことで三井三池大争議にも終止符が打たれ、目指した経済の高度成長をより現実的なものにすることができたからということだった。

その余勢をかった形で、池田内閣のつくった昭和36年度予算案は、所得倍増計画を盛り込んだ明らかに景気刺激型の大型予算となった。一般会計1兆9527億円（前年度比24・4％増）、財政投融資による特別会計7292億円（前年度比22・7％増）であり、減税は約600億円と少なかったが、公共事業費が大きく増えているのが特徴であった。

そして、この予算のもう一つの特徴は、とくに理工系学生の拡充に重点を置いた文教予算への配慮であった。このことはまた、戦後の文教政策の大きな曲がり角になったと言ってよかった。それまでの文系学生中心への国庫補助から、経済の高度成長実現のために企業は多くの技術者を必要するとの考えから、そうした人材育成のために政府はカネを出そうというものだった。このときの池田内閣によるそうした文教予算への配慮は、その後のわが国の先進工業国への歩みの中で特筆すべきことでもあったのである。

企業好調、「岩戸景気」へ

そうしたうえで、所得倍増計画を盛り込んだこの昭和36年度予算は、民間企業に対する強烈なインパクトにもなった。

結果、景気のいい話が大好きな証券業界がまず沸き立ち、これに引きずられるように鉄鋼を筆頭に石油、化学、機械、電機などの業界が、軒並、設備投資に走ったのであった。資本金1000万円以上の民間企業の設備投資は、昭和35年度が2兆1590億円だったのに対し、昭和36年度には2兆9970億円と約30％の伸びを示した。さらに言えば、昭和34年度のそれが約1兆4000億円だったことから、この36年度はたった2年で設備投資はゆうに倍増したことになる。いかに、経済の高度成長が期待をもって迎えられたかがわかろうというものである。昭和36年は、その好景気ぶりを指して「岩戸景気」と言われたのだった。

その頃の好景気に浮かれる世相の断面は、次のような報道にもうかがえる。

「今年は、神武以来の〝忘年会ブーム〟だという。どこの宴会場をみても例年より半月早く、11月半ばには12月分はほとんど予約済み、『景気はいいし、株価は高いし、忘年会がさかんになるのは当然でしょう』とは経済評論家の三鬼陽之助《みきようのすけ》氏の言葉。それが一番ハッキリあらわれるのは、財界人たちの忘年会だという。12月に入ると、平均して1日に2回、多い人は3回もあるそうで、予算の平均は8000円から1万円というデラックス版」（「週刊読売」昭和35年12月18日号）

この頃の週刊誌は、現在の1部400円ほどに比べてだいたい40円だったから物価はほぼいまの10分の1と見ると、財界人たちの宴会は1カ所で8万円から10万円ほどになり、それを連日二つ三つ掛け持ちするというのだから、なんともべらぼうな浮かれっぷりだったと言える。

一方、池田は昭和36年度予算案提出の36年1月30日からの通常国会での施政方針演説で、まさに自信満々、外交と経済のこの年の位置づけを、次のように示した。

「外交の基本は平和と繁栄に置き、自由諸国との緊密な関係の増進、国連外交の推進、日中関係については貿易の増進を歓迎する。一方、わが国の経済の現状は歴史的勃興期を迎え、構造的変化を遂げつつある」

池田はすべからく低姿勢で臨んだものの、内実は極めて強気であったということだった。

池田首相夫妻〝珍道中〟の初訪米

池田首相が誕生して4カ月、昭和36（1961）年6月19日、池田は妻・満枝のほか、小坂善太郎《こさかぜんたろう》外相、すでに参院議員となっていた通訳役としての側近の宮沢喜一らとともに、ジョン・F・ケネディ米大統領との初の首脳会談を最大の目的とし、アメリカ、カナダ訪問に旅立った。

池田は内閣の発足以来、日本経済の下支えともなる日米パートナー・シップの確立を外交の最重要課題としてきた。時に、日米間に特別の懸案はなかったが、実際の首脳会談となれば、予期せぬ問題を突きつけられるかも知れない。しかし、池田は旅立ちの前にこう豪語、自信を示したのだった。「山より大きなイノシシは出るものではない」と。

一方、この訪米には、事前にいくつかのドタバタめいたエピソードがあった。なにしろ、わが国においては、戦前、戦後を通じ、現職の首相が公式に外国を訪問する際、妻を同伴するということが一度としてなかったことによる。

まずモメたのが、この訪米を〝ワイフ同伴〟とするか否かというものであった。池田は生来、テレ屋でもある。大いに、迷った。

一方、ワシントンにいる当時の朝海《あさかい》駐米大使からは、外務省を通じて次のような同伴の要請が入っていた。

「総理ご夫妻が同伴で来られれば、ケネディ大統領夫人ジャクリーヌさんも公式レセプションに出席されるはずで、これは日米親善を一層深めることになります。是非、前向きにお考え願いたい。また、もしお一人ということであれば、私のワイフ（朝海夫人）をホステス役と致しますが、いかが致しましょうか」

そうした中で、池田は訪米へ向けての挨拶《あいさつ》に、神奈川県大磯《おおいそ》に師匠の吉田茂元首相を訪ねた。すでに政界を引退、すっかり好々爺然《こうこうや》としていた吉田は好きな葉巻をくゆらせながら、特有の〝吉田訛《なま》り〟で文字通り池田をケムに巻いたのだった。

「君も、一人前の総理大臣になったんでしゅ。このうえは、アメリカの慣習からして奥さんを連れて行くべきではないかね」

師匠の一言はまさに〝ツルの一声〟、ここに至って池田はようやく妻の満枝を説得、「ワイフ同伴」を決断したのだった。

ところが、それからがまた大変であった。まず英会話、そしてマナーである。なにしろ、池田本人が旧制五高の学生がそのまま大人になったようなバンカラ気質、加えてエチケットをエヽケヽチヽッヽトと〝発音〟するなど英語には滅法弱く、一連の放言癖のほか、「能ある猫はヘソを隠す」「仏つくって目を入れず」など〝珍語〟も堂々口にするだけに、その辺の〝自重〟も心しなければならない。

さて、英会話、マナーについて、間に入ってサジェスチョンしたのは官房長官だった大平正芳の妻・志げ子だった。この日米首脳会談取材に同行した政治部記者の、事前のドタバタ、現地での評判の証言が残っている。

「同伴が正式に決まる前、池田夫人はマナーより、むしろ『英語がコワイから行くのはイヤだ』と言っていた。で、大平夫人が、それならということで外人教師を呼び、お互い夫婦でレッスンを受けようと提案した。しかし、勉強の時間も限られていることだし、十分にマスターできなければ、勉強したのにこれかと逆に恥をかきかねないので、これは取り止めにした。結局、向こうでは必ず駐米大使、公使の両夫人がそばにいてくれることになり、なんとかなるだろうということになったんです。ちなみに、マナーについては、外務省の儀典課が『夫と妻のためのエチケット集』なるものをつくってくれ、池田夫妻は大事な個所に赤線を引いての猛勉強だった。池田はもとより、食事の席で女性のイスを引いてやるなどはやったことがなかっただけに、汗だくの〝即席エチケット勉強会〟だった。

さて、現地での夫人の評判というと、これは池田よりむしろ上だった。公式レセプションも無事これ務め、新聞も池田本人以上に夫人に大きなスペースを割いた。『ミセス・イケダは、物静かで思慮深い』という表現もあった。もっとも、夫人は英語がダメだからもっぱら低姿勢と微笑で押し通したのだが、化粧も控え目、外国の女性のように派手なアクセサリーなどもゴテゴテ飾りつけない点が、〝物静かで思慮深い〟となったようだった。

一方の池田のほうは、駐米大使館での池田主催のパーティで、なんと紋付きハカマ姿で登場、ジャクリーヌ大統領夫人らの目を見張らせていた。『東洋のハンサム・ボーイ』と持ち上げられ、得意満面だった。この〝ワイフ同伴〟は、結果的に大成功と言ってよかった。とくに懸案のなかった日米首脳会談ではあったが、日米の〝イコール・パートナーシップ〟（対等の関係）の確立には、一応の成功をみたということです」

ために、わが国における「ファースト・レディー」なる言葉は、この池田満枝夫人をもって嚆矢《こうし》とするのである。

また、このときの日米共同声明は、冒頭で「ケネディ大統領と池田首相は現下の国際情勢問題を討議するとともに、自由と正義に基づいて、世界および日米両国の関係において建設的かつ友好的な意見を交換した」と謳《うた》った。さらに、首脳会談の具体的成果として、「沖縄に対し、日本が潜在主権を保有することをアメリカが認めた」と明記され、これはのちの昭和47（1972）年5月の佐藤栄作政権下での「沖縄施政権返還」への含みとなったものである。

さて、まずは〝珍道中〟はあったがこの訪米で、池田はさらに自信をつけた。その余勢をかう形で、帰国後から1カ月足らずの7月19日、第2次池田改造内閣と党役員人事を断行した。

党人事は副総裁に大野伴睦《おおのばんぼく》、幹事長に自派の腹心でもある前尾繁三郎、総務会長に赤城宗徳《あかぎむねのり》、政調会長に田中角栄の布陣を敷いた。また、鈴木善幸が筆頭副幹事長となり、ここで鈴木は前尾繁三郎、大平正芳、黒金泰美、宮沢喜一らとともに、名実ともに池田側近グループに加わることになる。

一方、内閣はというと河野一郎《こうのいちろう》農林大臣、佐藤栄作通商産業大臣、藤山愛一郎《ふじやまあいいちろう》経済企画庁長官、川島正次郎《かわしましょうじろう》行政管理庁長官、三木武夫《みきたけお》科学技術庁長官と5人の各派閥領袖《りょうしゅう》クラスを入れ、池田は「内閣発足以来、初めての挙党体制を固めることができた。『実力者内閣』だ」と胸を張ったのだった。

もっとも、池田はこの改造人事のあと、親しい新聞記者から「〝実力者内閣〟ができたのは喜ばしいが、5匹の猛犬が一つの檻《おり》に入ったらケンカにならないか」と問われると、笑みを浮かべてこう言ったものだった。「君、毎日、顔を合わせていてみろ。お互い、ジャレ合うようになるもんだ」と。

しかし、こうした池田の自信の表情は、日を経ずして一変することになる。

「実力者内閣」が成るその前々日、東証ダウ平均株価は昭和24（1949）年の10倍にあたる史上最高値の1829円74銭をつけていたものの、改造人事のわずか2日後の7月21日には45円72銭安の暴落をとげてしまったからである。これは、東証開所以来の大暴落ということだった。

この大暴落の直接要因は、この日、日銀が公定歩合を1厘《りん》引き上げたことによった。日銀は急激に減りはじめた外資準備に、赤信号をともしたのである。時に、内需の拡大は極めて旺盛《おうせい》で景気は過熱、その一方でその内需をまかなうために原材料などの輸入が増大していた。さらに、内需に力を入れたために輸出意欲の減退を招き、この年4月末の20億ドル台の外資準備は以後ここに至る3カ月の間に激減現象を見せ、日銀としてはこの国際収支悪化のため金融引き締め策を講じなければならないところにきていた。

市場は売り一色に転じ、経済の先行き不安が暗示されただけに、池田の表情が一変、曇り始めたのは言うまでもなかったということだった。

この年の暮れには、なお急激に下がり続ける株価を横目に、日銀は「最近の物価の動向は『神武景気』当時より、危険な要素をはらんでいる」と警告した。年末の大納会でのダウは1258円、わずか5カ月前の史上最高値から、なんと約30％の大暴落となったのだった。

安定成長路線派の反旗

照る日あれば、曇る日あり。

そうした池田の経済政策に常々不満を持ち続けていた福田赳夫《ふくだたけお》が、満を持したように「党風刷新懇話会」を結成したのは、株価大暴落の年が新たまった翌37年の夏であった。

これは衆参両院の自民党議員105人が福田に同調、表向きは「派閥解消」「党近代化」を池田に申し入れたというものだったが、政権運営としてはまずは順調だった池田にとっては政権発足以来初めての〝反池田〟勢力の顕在化、誕生ということであった。ちなみに、この福田による「党風刷新懇話会」は、折りから時期を接するように岸（信介）派が3分割された形で解散したのを受け、その一つを福田が「党風刷新連盟」としてまとめあげたことに始まる。それを軸とした「党風刷新懇話会」ということだった。これが、のちの福田派の中核となり、出発点となるのである。福田派はやがて安倍晋太郎《あべしんたろう》が継ぎ、やがてその子息の安倍晋三《あべしんぞう》が継ぐ流れとなっていくのである。

さて、その福田の「党風刷新懇話会」としての動きの源流は、すでに池田内閣が発足した当時の昭和35（1960）年8月に始まっていた。もともと、福田は経済の安定成長論者であり、高度経済成長を掲げて登場した池田には、当初から批判的であった。ために、この間、第2次池田内閣下で自民党政調会長のポストにあったものの池田とはソリが合わず、半年余で辞任もしている。

さらに、ここにきてインフレなど高度経済成長の歪《ゆが》みが出てきているのが明白なのに、相変わらず池田は高度成長路線を突っ走ろうとしている。福田としては、どうしても政策上の誤りを認めぬとするなら、「派閥解消」「党近代化」の旗印を揚げるという形での政治闘争で、池田の足元を揺さぶってやろうということだった。

福田は、こうも口にしていた。

「池田内閣の所得倍増政策は物質万能主義であり、日本民族の精神を荒廃させるものである」

しかし、こうした福田らの批判勢力の台頭に対して、強気の池田は基本的には高度成長路線の誤りを認めなかった。所得倍増計画で想定した昭和39（1964）年から3年間の年率9％の成長率が、名目・実質ともにいささか進み過ぎてしまったことから、若干の修正さえすれば十分いける数字であるとの確信があったからにほかならなかった。しかし、生産者物価はやや落ち着きを見せたものの、消費者物価の上昇は相変わらず止まらず、しだいに野党あるいは経済界の一部からも批判の声が高まっていたのだった。

そうしたさなかにもかかわらず、池田は昭和37（1962）年7月の参院選を圧勝した勢いを借りた形で、続く自民党総裁選で対抗馬なしの中、総裁「再選」を決めた。しかし、その総裁選は投票総数466のうち、福田の「党風刷新懇話会」を中心に75という多量の批判票が出たのだった。反池田色の高まりを象徴していたのである。

総裁選をかろうじてクリアーした池田は、批判票をかわす狙いもあり、参院選から約2週間後、改めて内閣改造と党役員人事に手をつけた。この内閣は、第2次池田再改造内閣ということである。

前回の「実力者内閣」から、池田と距離を置きだした佐藤栄作、藤山愛一郎、三木武夫らが去り、これを機に池田は内閣の中枢を池田側近で固めるという手法を取った。いまで言う、〝お友達内閣〟である。その人事は、側近の前尾繁三郎が幹事長留任、大平正芳が官房長官から外務大臣へ横すべり、そのあと釜の官房長官に黒金泰美、宮沢喜一が経済企画庁長官と池田蔵相時代の秘書官で固めたことにより、「秘書官内閣」とも言われたのだった。

ここでの〝出色〟は、当時44歳、尋常高等小学校卒と異色の田中角栄の大蔵大臣就任であった。池田にとっては内閣の命運を左右しかねない経済・財政のカジ取りの難しいときに、こうした人物に蔵相ポストを任せるのは大きなバクチだった。しかし、この人事にはじつはウラがあったのだった。

池田は、すでに留任を固めていた前尾幹事長と官房長官だった大平の両側近に、閣僚人事案作成を命じた。信頼するおまえたちで、「人事の骨格をつくって持って来い」ということだった。その大平のバックにいたのが、時に政調会長だった田中角栄だった。

もともと人事などに興味がなく生マジメな前尾は、大平に「君にすべて任せるから」と積極的な人事案作成には尻込みをしていた。それをいいことに、大平はと言えば田中と呼吸を合わせ、事実上二人でこの人事案をつくってしまったのである。大平は外交問題に興味を示して官房長官から外務大臣への〝横すべり〟を自ら決めてしまい、一方の田中は「オレは経済、財政をやりたい」として大蔵大臣を決めてしまったのだった。

じつは、田中と大平の間には、陣笠代議士の頃から紐帯感があった。二人は、昭和27（1952）年10月の総選挙を契機に知り合っている。時に、田中は34歳。法務政務次官のとき、「炭管疑獄」で逮捕（のちに高裁で無罪）、「獄中立候補」で3回目の当選を果たした直後だった。一方の大平は42歳、田中より年上でこの総選挙で初当選を飾ったばかりであった。

ここに、二人の運命的な邂逅があった。

運命的とは、やがて田中の天下取りを大平が支援、田中首相のもとでの「日中国交正常化」では大平は外務大臣として汗をかくことになる。また、一方の田中はこんどはのちの大平首相実現に死力を尽くしたということだった。更には、強い「盟友」関係になっていったということである。

当選3回の田中と、初当選の大平は議員会館の部屋が隣り同士、往時を知る元政治部記者のこんな証言が残っている。

「当時のことゆえまだクーラーもなく、二人は扇風機で涼を取りながらステテコ姿で互いの部屋に入り込んでは政策論をたたかわせていた。妙に、気が合ったようだ。そのうえで、田中は一人息子を5歳で病気で失い、大平またのちに26歳の長男を難病で失っている。のちのちまで田中と大平の間に盟友関係が続いたのは、互いの能力を認める一方で、こうした〝共感点〟もあったということです」

さて、田中、大平〝合作〟の組閣名簿が池田のもとに届くと、池田の顔色が一変した。まず反対したのは、「田中蔵相」であった。大平に言った。

「あのわけのわからん男が、なぜ蔵相なのか。放言はするし、『炭管疑獄』にも引っかかったように危なっかしい。蔵相だけはダメだ。田中は、他のポストへ回せ」

それまでの蔵相ポストは大物官僚上がりが就くことが恒常化したのに対し、東大法学部卒業でもなしの尋常高等小学校卒のうえ、年齢もこれまた蔵相としては例のなかった若さであったことから、池田としてはこれでは内閣が持たないだろうとの不安がつのって当然だった。もとより、大蔵省自体の反対も強かった。

しかし、大平は食い下がった。年齢は若いが、田中の経済・財政政策への能力は相当なものであると力説したうえで、「もし、どうしても田中蔵相がダメとおっしゃるなら、自分は入閣を見送りたい。なんとか、田中の蔵相は認めて頂きたい」と言った。池田としては、かわいがっている側近の大平にそこまで言われては、これは呑むしかなかったということだった。

蔵相に就任した田中は、その後、池田の高度経済成長路線をはじめとして、池田退陣後の佐藤栄作政権でも、高度経済成長の熟成に、蔵相、幹事長など政権の中枢として八面六臂《はちめんろっぴ》の活躍を見せることになる。

第四章

台頭する田中角栄

1964年10月10日、東京オリンピック開会式。日本選手団の入場行進と国立競技場の全景

朝日新聞社／アマナイメージズ

酷似する田中・池田の政治手法

池田勇人と田中角栄の政治観、ひいては経済・財政政策に対する視線は驚くほど似ていた。

若き日の池田が大蔵省主税局国税第一課長の頃、戦後日本の再建のカギは「税だ」と力説、看破したように、田中もまた後年、「政治の根幹は何か。税、それに尽きる。他の細かいことはどうにでもなる」と、よく口にしていた。また、税を含めた数字には圧倒的に強く、呑み込みが極めて早かったのもよく似ている。さらに、一度、頭に叩き込んだ数字はどこでも常に機能し、周囲への強力な説得力の源泉となっていたのも同様だった。

田中はすでに人口に膾炙《かいしゃ》されているように、新潟県の寒村で生まれ、「末は（旧制）一高、東大からトップクラスで大蔵省に入ってもおかしくない」と尋常高等小学校担任が認めたように、少年の頃から頭脳は極めて明晰だった。しかし、家の貧しさ、親の苦労を思ってあえて上級学校へは行かなかった。尋常高等小学校を卒業すると同時に土木関係などの仕事に就き、青春の夢を乗せて16歳で上京したあとは住み込みで職を転々、その間、向学心劣えずで4つ、5つの夜間学校をかけ持ちで猛勉強を欠かさなかった。その後、独立して建築設計事務所を設立、24歳にして「田中土建工業」として年間施行実績全国50位以内に入るまでに発展させた。並の能力、経営手腕ではなかったことが改めて偲《しの》ばれる。

その後、29歳で旧〈新潟3区〉から衆院議員初当選、以後、日本列島の都市と地方の「過疎・過密の解消」「格差是正」を旨に、のちに首相になった際のキャッチフレーズ「決断と実行」をフル回転させ、戦後の高度経済成長過程には欠かせない人物となっていく。後年、一連の「田中政治」に異論を唱えていた小泉純一郎《こいずみじゅんいちろう》元首相の秘書を長く務めた飯島勲《いいじまいさお》（現在、内閣参与）などは、「この国の礎《いしずえ》は田中角栄がすべてつくった」とまで言っているくらいである。

その田中は、まぎれもなく戦後日本再建の牽引車であった。その発想、馬力、政治的能力は比類がなかった。それは、生涯じつに33本という驚異的な「議員立法」の成立に心血を注いだことで明らかである。議員立法は、政府すなわち官僚が立案して国会に提出する内閣法と異なり、議員自らが法律を企画、立案、政党あるいは各省庁に根回しして草案をつくり、国会答弁も一人でやらねば成立しないという政治家としてのあらゆる能力を備えていなければ不可能な法律である。いまでも、何十年議員生活をやっても、一つの議員立法さえ成立させずに政界を去っていく者が少なくないのである。

そうした田中におけるこうした議員立法は、政界に出て早や3年で成立させた「建築士法」を皮切りに、「首都建設法」「河川法改正法」「公営住宅法」「住宅金融公庫法改正法」「電源開発促進法」等々、多くは昭和25（1950）年から28（1953）年の日本が復興、景気上昇への足がかりをつかんだ約4年間に集中している。戦後復興に不可欠の法律を、すべからくつくっていったといっても過言ではなかった。さらに、これは議員立法でなく、内閣法の立案者として参画した「国土総合開発法」の成立も、この法律に基づいた国の公共事業により、日本中のインフラが整ったと言っていいのである。

そうした中での白眉は、自民党内、野党、あるいは大蔵省の根強い反対を押し切って成立させた、日本列島の全国的な道路網づくり整備である、「道路3法」（有料道路法、ガソリン税法、改正道路法）を強力に推進させた点であった。

筆者の手元に、昭和28（1953）年6月24日の衆院建設委員会・大蔵委員会の連合審査会でのこの「道路三法」の中のガソリン税法を巡る議員立法提案者としての当選わずか3回だった田中と、当時、野党の民社党論客として聞こえた春日一幸《かすがいっこう》委員長との激しいやりとりの議事録がある。ガソリン税を道路整備費用に充てるとする目的税化を巡ってのその白熱の応酬ぶりを振り返ってみる。

白熱の議員立法「道路三法」論争

春日一幸君　私はそもそも、普通税を便宜《べんぎ》的な思いつきで目的税に転換すべき性質のものじゃないと思っておる。50億か60億の道路改修費を増設することのために、税制体系に対して根本的な疑義をはさましめるような、こういう大きな法律いじりをなすべきではないと考えるのでありますが、それに対して提案者はいかようにお考えになっておりますか。

田中角栄君　お答え致します。春日君が先ほど言われましたとおり、目的税はある目的のために徴収するものであります。その意味においては本法律案は目的税ではありません。ありませんが、率直に個人的な感覚で申し上げると、ある一定の税収入額を拘束するのではないかというような懸念はありますが、私はそれさえ拘束しないという考えをもっております。

これは、ガソリン税収入額と同相当以上の金額を一般財政資金の中からもらわなければならない。5カ年計画を受けておる財政措置の一環として、ガソリン税収入額と同相当額をもらわなければならないと限定しただけであって、私は目的税的な、いわゆる理論的にいった目的税では全然ないということを考えております（野党の委員席から「ノー」「ノー」の声あり）。しかも、もう一つの問題が、いわゆる道路整備5カ年計画をつくるために……（不規則発言多く聴取不能）

久野忠治委員長　ご静粛に願います。

田中角栄君　5カ年間に限り、税収入額と同相当以上のものをもらわなければならない。しかも、この目的税というのは、春日さんに言うのは釈迦《しゃか》に説法だと思うのではありますが、（「そのとおり」の声あり）いわゆる憲法にも財政関係法規中にも、全然、目的税というものにはふれておりません。いわゆる憲法または法律上には、全然、規定してないのでありまして、これはお互いが十分研究し、そのようなことが予算をつくる意味においていいのではないかという場合には、これは当然考えていい。また、先進国では道路整備のためには、全部これよりもっとひどい目的税をしておるのであります。いままで目的税を考えない日本が、15万キロの幹線を持ちながらほとんど改修もされていない。世界で最も道路の悪い状況にありますので、私はこういう種類の法律をつくったのであります。

春日一幸君　私は提案者と根本的にその考え方が違っておるのであります。提案者は道路さえよくなればほかのことは放っておいていい、こういうふうな考え方でこういう前例のない法律を出したのではないかとみるのでありますが、私どもは少なくともここに180億の膨大財源ありとすれば、いかに多くの未解決の諸問題を解決できるかということに思いが致して判断いたしますときに、少なくとも未亡人の母子家庭が、厳しい状態、貧しい状態、みじめな状態に置かれている。住宅問題なんかも、ずいぶん陳情がしばしば行われているけれども、極めて零細な予算しか組まれておりません。こういうことを並行的、同時的に解決していかねばならぬ。

したがって、少なくとも一般財源を一つの法律をもって拘束していくということは、現在、わが日本が置かれている社会状態、この現象に、則して判断いたしますとき、これは当を得たものでないと思います。そこで私どもは、こういう立法上大きな問題を投げるような立法措置をしないで、あなたがたの政治力とその必要性を勘案して、他の方面から増額を要求するべきであって、こういうような法律によって予算の編成権や、あるいはそういう全般的な問題に対して大きな拘束力を与えていくべきでない。私はこのように考えますが、これに対しては渡辺さんのご意見をうかがいたい。

渡辺（喜）大蔵省主税局長　私は基本的には、いま春日さんがおっしゃった意見に賛成でございます。

田中角栄君　社会保障の問題、住宅の問題が出たが、これは御説もっともであります。

しかし、私は自分の意見を端的に申し上げますと、現在、審議中の28年度予算案をみても、特定の人たちに与えるところの国家予算のうち、とくに住宅などに対しては相当増設されております。これは住宅に対しては、あの時期において、特定の人に対して、こういう一般の資金を出すことには憲法違反の疑いがあるんじゃないかというような議論をされた時期もあったのでありますが、いわゆる社会的状況から考えて、住宅施設に対する投資は大幅に増額され、200億を上回っておるわけであります。にもかかわらず、とにかく敗戦日本経済の再建のためには、まったく動脈であるところの道路が、8000万国民が全部利用するということが前提になっておるだけに、比較的に軽視されておるというのが、私が先ほど申し上げたとおり、戦前においてさえも4%近い額が計上せられておりましたのに、大幅に増額されたといいながら、28年度において141億であります。あまりにも低すぎるわけであります。だから私は、300億でも500億でも計上してもらえるならば、このような法律案を提案する必要は、毫末《ごうまつ》もなかったということを申し上げておきたいのであります。

結局、このガソリン税法は野党、大蔵省の強い反対を押し切る形で成立、昭和28（1953）年7月に公布をみることになった。このことはまた、戦後初めて行政府に君臨する大蔵省が立法府に敗れた〝事件〟でもあり、学歴、門閥ともになしの田中角栄が、「大蔵省に初めて勝った日」でもあったのである。

その田中は池田内閣で大蔵大臣に就任、登庁初日に居並ぶ事務次官以下大蔵省エリート官僚を前に、リーダーすべからくかくあるべしの名言とされている伝説として残っている次のようなスピーチをした。

「私が田中角栄であります。皆さんもご存知のとおり、高等小学校卒業であります。皆さんは全国から集まった天下の秀才、金融、財政の専門家ばかりです。かく申す私は素人ではありますが、トゲの多い門松をたくさんくぐってきており、いささかの仕事のコツは知っているつもりです。これから一緒に国家のために仕事をしていくことになりますが、お互いが信頼し合うことが大切だと思います。したがって本日ただいまから、大臣室の扉はいつでも開けておく。われと思わん者は、今年入省した若手諸君でも遠慮なく大臣室に来て下さい。そして、何でも言ってほしい。上司の許可を取る必要はまったくない。できることはやる。できないことはやらない。しかし、すべての責任はこの私が背負う。以上！」

名優は、常に「出」が大事なのを知っているということでもあった。

初めはこうした田中を軽く見ていた大蔵省のエリート官僚たちは、日を経るごとに新大臣の能力の高さに感服、心酔、やがて田中のもとで日本経済の成長へ向けてともに汗をかくことになる。

振り返れば、この伝説的スピーチの遥か10年ほど前にわずか3回生ながら大蔵省が反対するガソリン税導入を巡っての〝対立〟の中で、田中がこれを押え込んだ腕力は、すでに大蔵省内に「田中あり」として静かに浸透していたことになる。

さらに言えば、田中はこのガソリン税を含む「道路三法」を仕上げたことで昭和23（1948）年の内務省解体により、そこから独立してそれほど時間の経っていなかった新興官庁の建設省にも政治家として大きな拠点をつくり、これは以後の強大な政治力の源泉にもなっているのである。

かくて、田中はその弁「政治の根幹は税」を実践したが、それまで道路からカネ（税）を取るという発想は誰もが考えつかないものであった。田中は〝受益者負担〟の精神に基づいて道路特定財源制度をつくり、やがては今日の全国を結ぶ高速道路を可能にしたということだった。

これと相まって、のちの昭和45（1970）年に内閣法としての立案に参画、成立させた「全国新幹線鉄道整備法」による新幹線網の敷設は、道路ともども田中が政治家となって旨とした日本列島の都市と地方の「過疎・過密の解消」「格差是正」へ向けての扉を叩くことにもつながっていく。すなわち、田中による議員立法の功績は、池田勇人による高度経済成長路線推進への強力な礎になったということである。田中という先見力に溢れた政治家なくしては、日本の経済的復興はかなり遅れたものになっていたということになる。

大盤振る舞いの田中蔵相「昭和38年度予算」

そうした一方で、その田中の経済・財政政策に対する能力は未知数と踏んでいた大蔵省幹部は、さすがに田中蔵相の登場にはアタマを抱えたという経緯がある。蔵相就任前の自民党政調会長時代には、党の先頭に立って大蔵省が乗り気薄だった「新産業都市建設促進法」の成立に旗を振るなど、財政を無視したような積極財政に大いに危惧を抱いていたという背景も、その一つであった。

この「新産業都市建設促進法」は、経済の高度成長と産業合理化の進展に伴って、新しい製鉄所、発電所、石油化学コンビナート建設などのために新しく港湾を中心とする臨海工業地域の用地が不可欠となり、その用地を従来の京浜工業地帯など4大工業地帯だけに求めることができなくなったことによる田中の新たな発想であった。しかし、大蔵省とすれば、これも財政を圧迫するとの懸念とみていたことは言うまでもなかったのである。

一方で、この田中蔵相の出現には経済界もざわめいた。時に、「全銀協」の会長だった宇佐美洵《うさみまこと》などは、次のような〝独走〟懸念に対しての注文を出したものだった。

「とにかく、新蔵相の〝未知〟に期待したいと思っている。金融の現状をよく認識して頂き、自由化を控えた重大な時期なので、国内均衡に偏重することなく、国際収支改善のための施策を切望したい。また、金融政策の運営に当たっては日銀と十分に連絡を取り、予防的、弾力的な手を打ってもらいたい。すでに政調会長で経済の現段階に対する認識は深いものがあると思うが、これからはより金融、証券界などと話し合いの場を持って意見の交換を図り、そのうえでなお総花的にならない政策を打ち出して頂きたい」

しかし、田中はと言うと、そんな懸念、危惧、注文などはどこ吹く風の意気軒高、蔵相就任直後の記者会見では次のようにまくし立てたのだった。

「まア、（政調会長時代とは異なり）こんどは受けて立つ側ということだが、責任の重大さは感じていますヨ。大蔵省の伝統にも、とけ込んでいくつもりです。でもねェ、わたしゃ『勇み足、勇み足』とよく言われるけど、いままでそんな勇み足はやっちゃいないんだ。もちろん、わたしゃ経済、財政は政策的には積極論者だけど、自分がかつて事業をやっておったから辻褄《つじつま》の合わんことはやらんですよ。（政調会長から）攻守ところ変わっての頭の切り換え？　そりゃ、どういうことないですナ。わたしゃね、大蔵省には12年前から出入りしておるんだ。まァ、無籍嘱託みたいなもんだから。

（大蔵省が抱えている課題について）外資導入についての方向は、とくに外国人株式の送金制限が懸念だが、とにかく緩和が必要だ。また、（昭和）38年度予算編成方針は財源難だと言われているが、飛び上がるほど大変だとは思っていない。超均衡予算で引き締めに追い打ちをかけることは考えていないということです。公債発行については、研究は必要だがいまの段階では考えていない。景気調整政策は、無制限ではないが引き続きとっていくつもりですよ」

そうした中で、異色の蔵相登場で、大蔵省大臣室の空気、光景は一変した。

なによりも、訪問客の多さが目立った。陳情客はもとより、ワケのわからない「友人」「知人」と称する者なども連日顔を見せ、これがじつに1日平均100人を超えることもたびたびだった。秘書官はあまりの訪問者の多さに、田中蔵相の1日のスケジュール調整が大半の仕事と化し、「こんなことは前代未聞だ」と天を仰いだものであった。

その間隙《かんげき》をぬってというべきだろう、事務当局の大臣への〝ご進講〟があるのだが、これまた自信満々の大臣は途中でアキアキしてしまうらしく、話を聞くどころかおおむね自慢話に終始、〝角栄節〟で局長クラスを煙に巻くのが常だったのである。

「わたしゃね、国会答弁での君たちが書いた想定問答集なんか読まんヨ。そんな資料を見ながら答えたら、『ヨッ、土方大臣ッ』のヤジでももらうのが関の山だ。これまでは答弁は局長、局次長を動員したようだが、これからのだいたいの答弁はわし一人でやるッ。大体、そんなコトは事務効率の低下だ。わたしゃね、金融はともかく、財政はクロウトなんだ。この12年間に、予算編成に立ち会わなかったのはたった2回だけでね。わしが立ち会わなかったときに限って、編成作業はモメていたもんだ」

かくて、田中蔵相による昭和38年度予算編成は、完全に〝大臣ペース〟、田中は他省庁大臣との復活折衝でも右から左へと裁き、政界、他省庁の役人からも「なかなかのヤリ手大臣」との声が高まると同時に、大蔵省に田中ありを改めて印象づけたのであった。

例えば、時の建設大臣・河野一郎とのそれでは、当時「わずか30秒の復活折衝」として話題になった。道路110億円、治山治水45億円、下水道10億円と復活要求でスゴ味を利かす河野に対し、腕組みして30秒、田中いわく「エー、〆《しめ》て165億円。ええです、付けようじゃねェですか」というものだった。

各省庁の要求をブッた切るのが蔵相の本来の役割、すなわち国の財布のヒモをいかに締めるかが腕の見せどころなのだが、〝大盤振る舞い〟で財源を目一杯食ってしまうのが田中蔵相ということでもあった。

昭和38年度予算編成が終わった37年の年末、田中は蔵相秘書官の早坂茂三《はやさかしげぞう》（のちに政治評論家）に言った。

「オレは天下取りに乗り出すつもりだ」

蔵相ポストを踏んで、田中は自民党内と省庁の掌握の〝手応え〟を、しかと感じ取ったようだった。

「ケネディ・ショック」直撃す

一方、昭和38（1963）年初頭の池田内閣の掲げた所得倍増政策は、この時点、まだ道半ばと言ってよかった。

前年秋から公定歩合の引き下げを相次いで行った結果、低金利時代に入った感があり、景気は回復基調を見せ始めたものの、個人所得格差、産業間格差が顕著となり、農業や中小企業の近代化も思うように進まずで、池田首相を満足させるものでもなかった。

池田はこうした中、この年1月末召集の通常国会施政方針演説で、「人つくり・国つくり」を謳った。一方、この「人つくり・国つくり」は、同時に安定成長論で「池田政治」を揺さぶる福田赳夫ら自民党批判勢力による「池田内閣の所得倍増政策は物質万能主義であり、日本民族の精神を荒廃させるもの」との声に、対抗するものでもあったのである。

そうした批判勢力の声を一蹴《いっしゅう》するかのような池田の通常国会での施政方針演説は、次のようなものであった。

「ここまでのわが国の経済発展は、一つには民主主義を国是とした自由な体制が進み、サンフランシスコ条約、安保体制の確立によってわが国自身の安全が保障され、極東の安全ひいては世界の平和が確保されるなど環境と条件に恵まれたこともあずかって、力があったからである。しかし、われわれはこの程度の成果で満足することはできないのである。経済が目ざましく発展したといっても、過去の蓄積は乏しく、国民所得一人当たりの所得は欧米諸国に比べてなお相当の開きがある。

私は今後、世界の平和とわが国の安全、国民の創造力の発揮などを基盤として、順調な成長を続けつつある経済をさらに伸長させるとともに、その内容を充実、均衡のとれたものとし、一方、真の自由を体得した近代的市民生活の秩序を確立し、もって福祉国家の建設に努めなければならないと思っている。『人つくり・国つくり』を強調するゆえんは、まさにここにある」（前段概要）

また、後段では、個々について次のように強調した。

「人つくりについて必要なのは、輝かしい歴史を生み出すのは、世界的視野に立った活発な創造力と旺盛な責任感をもった国民である。そうした国民をつくる人つくりの主たる対象は、将来を担う青少年である。青少年の身心ともに健康で能力に富み、真の自由を体得するときに、自らの責任を果たし得る自主性を養い、祖国の伝統につちかわれた豊かな創造力を十分に発揮して、わが国の繁栄と世界の平和に貢献し得るように願うものである。政府としては、青少年教育に携《たずさ》わる指導者、教育者の自覚を促し、その資質の向上をはかるとともに、道徳教育の充実、科学技術教育の振興、育英事業の拡充、私学の助成強化、義務教育の教科書無償供与、学校給食の拡充を実行する。

一方、国つくりの骨格は、産業間、地域間の格差の是正と産業の近代化、社会資本の充実、雇用の増大、消費者物価の安定、社会保障の拡充等に留意しつつ、調和のとれた経済成長を推進し、すみやかに高度の生活水準を実現することにある」（概要）

しかし、こうした「人つくり・国つくり」は池田の思い入れとは裏腹に、自民党内、国民にも、そのインパクトの度合いは芳《かんば》しいものではなかった。

側近の宮沢喜一によれば、もともと、池田の考え方は「所得倍増は決して目的ではなく、人つくり・国つくりのための手段であり、方法にすぎない」とするのが根幹だったようだが、この時点であえて「人つくり・国つくり」と打ち出したものの、理念、具体策が明確とは言えなかったからとしている。

それでも、この年7月で丸3年を迎えることとなった池田内閣の支持率は、例えば朝日新聞の世論調査で43％、歴代内閣と比べてなかなかの高水準を維持していた。

池田はこの余勢をかって7月18日、内閣の改造と党役員の人事刷新を断行、さらなる「新実力者」体制での政権の安定と政策の歪み是正に臨んだのだった。内閣は田中角栄大蔵大臣、大平正芳外務大臣、宮沢喜一経済企画庁長官、黒金泰美官房長官が留任、佐藤栄作を来たるべきの東京五輪担当の国務大臣に就任させたのだった。

この頃、「田中の蔵相はまかりならん」としていた池田と田中の間の距離感は、すでに埋まっていた。田中の妻・はなは、田中とは再婚である。前夫との間に一人娘がいたが、この娘を田中の心中を察した池田が自分の甥と妻《めあわ》せてやったこともあった。ここでは、池田と田中は姻戚《いんせき》関係が成立していたのだった。池田としては、田中の蔵相としての能力を認めた一方で、こうしたこともあえて田中蔵相留任としたもう一つの背景と言えたのである。

そうした中、「新実力者」体制で心機一転すべり出そうとした池田内閣の前に、強烈なパンチが見まわれた。「ケネディ・ショック」の直撃であった。日本経済に、よもやの大波が押し寄せてきたということであった。

高度経済成長初の挫折危機

「新実力者内閣」を整えたばかりの強気で鳴る池田首相の自信に満ちた顔は、この「ケネディ・ショック」の直撃で一変、ニガ虫を噛《か》み潰《つぶ》したような表情になった。

この日、海の向こうのアメリカではジョン・F・ケネディ大統領がドル防衛のためのバイ・アメリカン（米国の自国製品優先買い付け）政策を推進する「国際収支特別教書」を発表、ケネディはその特別教書の中で、さらに強力なドル防衛策として利子平衡税の創設を提言したのである。これが池田内閣、日本経済にとっての「ケネディ・ショック」である。昭和38（1963）年7月18日、よりによって池田「新実力者内閣」スタートのその日に起こったのだった。

時に、アメリカの国際収支は、ケネディの前任者であるアイゼンハワー大統領時代から引き続いて赤字が増え、バイ・アメリカン政策でしのいできたが、好転する兆しのないままケネディはさらに利子平衡税をかけることで、より強力な国際収支の赤字削減を策したということであった。外国人によるアメリカ資本の調達コストを年1％引き上げることで、国外への長期資本の流出抑制と国内投資を活発化させるという狙いである。

この「ケネディ・ショック」には、日本国内の経済界にも大きな動揺が走った。当然である。当時のわが国の長期資本の受け取りのうち、70％から80％はアメリカ資本と見られており、ここで利子平衡税が実現してしまうとアメリカ資本の対日間接投資が激減し、日本の国際収支はたちどころにバランスを失うことが必至だったからだった。とりわけ、首相就任後まもなくの日米首脳会談で、ケネディ大統領との間で「日米イコール・パートナーシップ」を結んだつもりの池田にとっては、まさに信頼を裏切られたような「ケネディ・ショック」ということだった。

その〝直撃〟による影響は、即、現われた。東証ダウ平均株価は、利子平衡税創設の発表のあった7月18日と翌19日のたった2日間だけで一気に123円も下げ、そのショックぶりを物語っていた。アメリカ議会は、当然のようにケネディによるこの「国際収支特別教書」を承認した。

株価は、以後もジリジリと下げ続けた。いよいよ事態を憂慮した池田首相は田中蔵相と協議、直接ハラを割ってアメリカ側に日本の実情を話し、緩和策をのんでもらうしか方策なしとの考えで一致した。経済・財政運営には自信満々のさしもの田中としても、海の向こうの出来事にはさすがに知恵の出しようがなかったのである。

池田と田中は、結局、アメリカの経済事情に通じ、池田の蔵相当時の秘書官として日米交渉に立ち会ってきた経済企画庁長官の宮沢喜一をその交渉に当たらせることとした。しかし、あいにく宮沢は腹痛のため入院中、やむなく外務大臣の大平正芳を派遣することとしたのだった。

池田首相の名代であるその大平は、アメリカ側の交渉の窓口であった財務長官のディロンに、当時、アメリカがカナダに与えていたと同様の利子平衡税の免除を強く要請、8月2日、結局、日米双方の間で次のような共同声明を発表するに至る。

「日本はアメリカのドル価格維持の必要性を認識し、アメリカは日本の経済成長を持続するためにアメリカの長期資本の調達が必要であることを了解する。この合意のもとに、今後、利子平衡税で日本の国際収支が深刻な困難を生ずる場合には、アメリカは利子平衡税の免除を含めた措置を日本側と協議する」（要約）

しかし、この共同声明に示されたように、利子平衡税問題は日米双方が互いの現状を認識し合うことにとどまり、わが国にとっての具体的緩和策とはなっていなかった。それだけ、アメリカの国際収支の赤字は深刻なものであったと言ってよかった。日本側にも具体的緩和策がなかったことにより、これ以後もわが国の株価は下げ続け、ケネディによる「国際収支特別教書」が発表された7月18日時点で1500円台だったものが、約5カ月後の12月末の東証大納会では1200円64銭と大暴落となった。まさに、さかのぼること2年前の池田内閣が発足した翌昭和36（1961）年夏から秋にかけての、東証開所以来の大暴落時に酷似する形になったのだった。

しかし、この日本経済の深刻さを見抜いたアメリカは、「国際収支特別教書」発表の翌39年2月、「年間1億ドルに限って日本の政府関係債を免除」を決断、かろうじて高度経済成長の挫折はまぬがれることになった。

間一髪の高度経済成長の挫折危機、ここでも池田の強運ぶりが、改めて知れたということであった。

開放経済体制への決断

さて、こうした海の向こうからの大波をかぶりながらも、かろうじてこれを乗り切ったことで、この昭和38（1963）年の時点でわが国のGNPは自由主義諸国のなかで第5位に躍進していた。輸出、輸入とも大幅に増勢をたどり、貿易総額は120億ドルを超え、世界貿易に占める比重は目ざましく高まりつつあった。

そうした中で、池田はわが国のIMF（国際通貨基金）8条国移行とOECD（経済協力開発機構）加盟に積極的姿勢を見せた。戦後経済の力をつけつつあったわが国の開放経済体制へ向け、その入り口に立つということでもあった。

「IMF8条国移行」と「OECD加盟」の背景を、簡略に記しておく。

わが国敗戦の年の昭和20年12月に発効したIMF協定は、原則として外国為替制限を撤廃していたが、開発途上国（新興国）には同協定第14条の規定を設け、外貨持ち出し制限などの為替制限、為替管理の枠内に置くことを認めていた。

しかし、時にすでにわが国は外貨準備が20億ドル近くにもなり、経済の国際経済力をつけつつあったことから、日本はもはや為替制限の恩恵に浴しているわけにはいかなかった。一方で、時にイギリス、西ドイツ、フランス、イタリアなどのヨーロッパ先進諸国が国際収支悪化、ドル不足などを理由にもはや輸入制限は行わないことを宣言していた。すでに、IMF協定第8条に規定された義務、すなわち「経常取引に基づく対外支払い制限をしない」「他国との為替取引で差別扱いをしない」「他国が保有する自国通貨は原則として買い入れに応ずる」などをのみ、8条国に移行していたのである。

日本としても、もはやそれまでの14条国にとどまることは客観情勢が許さず、8条国への移行は避けて通れないところに来ていたということであった。

一方、昭和36（1961）年に発足したこのOECDは、このIMF、そしてGATT（関税貿易一般協定）と並ぶ経済、貿易に関する世界3大機構の一つである。先進諸国の経済に関するあらゆる意見交換の場で、加盟すれば貿易外経常取引や国際的な資本移動の制限は認められず、貿易はもとより資本の自由化を避けることができない仕組みになっている。すなわち、IMF8条国移行とOECD加盟を果たすことは、真の国際社会への仲間入り、すなわち開放経済体制へ向かうことを意味していたということである。それはまた、先進国仲間入りの必須条件と言ってよかった。

さて、このIMF8条国移行のため、田中は蔵相就任2カ月後、米ワシントンでのIMFの第17回年次総会に日本政府代表として派遣された。田中とすれば、もとより池田の意向は十分汲んでいる。また、田中自身も、ここまで経済成長したわが国の開放経済体制入りには前向きであった。一方で、この総会では、存分に〝田中らしさ〟を発揮してみせている。

その際の、こんなエピソードがある。

まず、政府代表としての演説である。田中は先進諸国からの批判のあった日本の「国際化への努力不足」に対し、「精一杯の努力はしている。日本の政策努力を理解してほしい」として、次のようにクギを刺したのであった。

「日本は、昨年かなりの国際収支上の困難を経験している。しかし、輸入自由化については、かねての方針どおり促進に努力してきた。その結果、この10月には自由化率は約90％

に達しようとしている。しかし、一方で国内の中小企業、農業の均衡を図るには、輸出の伸長にも頼らざるを得ない。したがって、日本の輸出に対する差別的輸入制限がなお多く存在することは、これからはすみやかに撤廃して頂きたい」（要旨）

この演説、当時としては異例、元来が英語がニガ手の田中だったが、あえて英語でスピーチしたのだった。

田中は日本を出発する前に、「わしは英語でやるッ」と大蔵省事務次官、局長ら幹部に宣言、幹部たちは〝失態〟を危惧して「日本語でよろしいのでは」と口を揃えたが、「ダメだ。コレでいくッ」というものだった。一度、言い出したらテコでも動かぬ大臣であることは百も承知の幹部たちは、結局、不承不承これを認めざるを得なかった。

しかし、負けず嫌い、何事にも全力投球、一所懸命は田中の持ち味である。まず、アメリカ留学経験があり、英語上手の娘の真紀子《まきこ》（のちに外務大臣）に英語の演説全文をテープに吹き込ませ、これを暗誦《あんしょう》することで〝初級編〟としての特訓とした。一度、大蔵省の数字の並んだ資料に目を通すと、すべてが頭に入ってしまうといった記憶力抜群だった田中は、常々「暗記こそが記憶力の源泉だ」としていた。若い頃から、これが一貫した田中の勉強法だったのである。〝初級編〟を終えると、こんどは英語の達人揃いの大蔵省の中でもピカ一とされた当時の柏木雄介《かしわぎゆうすけ》参事官にも同様のテープを吹き込んでもらい、これを〝上級編〟としてさらに磨きをかけたのだった。

さて、本番である。当日の日本の演説の順番はスーダンの次だったが、時間が近づくにつれ田中はむやみにタバコをふかし、何度も口の中で演説の一文を繰り返してみたりと、さすがに落ち着かなかった。同行の大蔵省幹部がふとその演説原稿をのぞくと、英語のスペルの下に鉛筆でカナがふってあり、長いスペルには真ん中あたりで発音を二つに分けてあるなど、苦心のあとがアリアリだったのである。

しかし、本番では度胸のよさはもとより人後に落ちない田中ゆえ、かつてナニワ節で鍛えたシブイ声で、一応、最後まで英語で〝読み上げ〟てみせた。終わっての外国人記者団からいわく、「とにかく理解だけはできたが、日本語というのはなんとなく英語に似ているようだ」というものだった。ちなみに、帰国後、田中は大蔵省幹部を前に、「大体だナ、英語のうまい奴に商売上手はおらんッ」と一席ブッたのだった。

まずは、演説を終えてホッとしたが、総会終了後の打ち上げパーティの席では興に乗り、こんどはなんと〝持ち歌〟の一つ、村田英雄の「王将」をサービスすると言いだした。そばにいる大蔵省幹部に、「君、通訳しなさい」と言ったのだった。

〽吹けば飛ぶよォなァ〜、と勝手に歌い始めた大臣のあとを追っかけ、この幹部は必死に通訳をした。

「ジャパニーズ　チェスマン　ネイムド　サンキチサカタ　ケイムアップ　トゥ　トウキョウ……」（坂田三吉という将棋指しが東京に出……）といった具合だったが、むろん歌の心など外国人にわかろうハズもなく、ヤコブソンIMF専務理事いわく「あのヒトは将来、大政治家になるかも知れない」と呟《つぶや》いていたのだった。

かくて、IMF8条国移行問題は、年が明けた昭和38（1963）年2月、IMFによる正式勧告を受けて田中蔵相が勧告受諾の談話を発表、翌39年4月、日本はここに正式に世界で25番目の8条国となった。

また、一方のOECD加盟問題も、池田首相の昭和37年秋の訪欧である程度の地固めがなされていたこともあり、8条国と同時期の39年4月、OECD側の正式加盟招請を受け、加盟が閣議決定された。これにより、日本は世界で21番目のOECD加盟国となるのである。

ここに、わが国は太平洋戦争後の廃墟《はいきょ》の中、被占領国としての辛酸をなめて独立、やがて高度成長のもとに奇跡的とも言える経済再建を成しとげ、名実ともに初めて国際社会への参加を果たすことになった。世界に冠たる「経済大国」に至る道程であった。まさに、廃墟の中で日本国民がかすかに抱いた「ジャパニーズ・ドリーム（日本の夢）」は、まずは第一歩ながら現実のものとなったということだったのである。

高まる高度成長批判

昭和39（1964）年、そうした中で池田内閣は5年目に突入した。所得倍増政策は、生産の向上に比例して物価が上昇、輸入も急増し始めるなどの一方で、公害という社会現象が露呈、高度経済成長の歪みも明らかに目立ち始めるようになった。伴って、高度成長批判論もよりかまびすしくなっていった。

折りから、財界の高度成長推進派のリーダー格でもあった時の「経団連」石坂泰三《いしざかたいぞう》会長は、しかし、池田首相に対し、次のような〝助け舟〟の論陣を張って激励したものであった。

「公害だ、成長の歪みだと、いろいろ騒々しく経済成長が害毒でもあったようなことを言っている声が多い。どうも、よくわからない。ともあれ、成長政策により日本の経済力、国力が強くなったことは厳然たる事実だ。しかも、国民の生活水準も、自動車が自転車にとって替わるほどよくなっている。工業水準また、世界のトップレベルになっている。いろいろ問題はあるが、これは経済成長のお陰である。

万が一、経済状態が旧態依然たるものであったら、いま高度成長を批判している人たちはなんと言うだろうか。おそらく成長政策を取らなかったからだと、より厳しいヒステリックな批判をしていたのではないか。そんなものだ。成長過程にいろいろ問題が新たに生まれるのはある程度やむを得ないことで、それはまた新しい問題として解決に努力していく。それが、指導者の責任というものじゃないか」

しかし、一方で、前年に打ち出した国家、国民の将来像である「人つくり・国つくり」も、政策としては固まるまでには至っていなかった。すなわち、この39年という年は池田にとっては、格差や歪み是正のための年に入ったと言ってよかった。同時に、来たるべきのこの年7月の総裁選で「3選」を勝ち取り、一連の政策の総仕上げを目指す年でもあったということであった。

それでもこの期に及んでもなお、池田は持ち前の強気から輸入増には輸出増で対抗すればよしと、引き締め策に転じることを嫌った。つまり、通貨の増発を抑えながらデフレを避けるという、「ディス・インフレ」政策を遂行する姿勢を示し続けたのである。その気概を示したのが、昭和39年1月末の通常国会での施政方針演説に見られる。

この演説は、極めて異色であった。通例はまずあいさつ、概要から入るものだが、池田は開口一番いきなり政治の究極目標としての高度福祉国家の建設をあげ、本論から入ったのだった。

「国民の一人ひとりが、働く意思とすぐれた創造力を自由に遺憾なく発揮し、豊かで平和な生活を営み得る社会をつくることは、政治の究極の目標であります。このために、疾病、失業、老齢などを原因とした貧困と不幸に対し、社会保障が確立され、この基礎のうえに民族的創造力が躍動し、不断に進歩と成長が約束される国の実現が必要であります。

ここでは個人の尊厳と自由が守られつつも、社会連帯の意義、公共奉仕の精神が横溢《おういつ》していなければなりません。個人個人の心に関する問題、すなわち道徳や宗教がその支柱であります。また、議会政治は、国民大衆の希望の達成と苦悩の除去に敏感、果敢であり、ことに暴力の排除と平和の実現に対して最も積極的でなければなりません。これが、高度福祉国家の真の姿であります」

そのうえで、各論として、次のような当面の課題を三つほど挙げた。振り返れば、このときの施政方針演説が、やがて病魔を得ることになる池田にとっての本会議での最後の演説となるのである。

「外交は、重点をアジアの安定と繁栄に置き、日韓正常化の妥結、台湾との紛争の解決、政経分離の下に大陸（中国）との貿易を実施する。経済は、回復基調に入り、生産は高水準を続けているが、総需要が適正な水準を越えないよう引き締め基調で運用していく。

消費者物価対策と国際収支については、公共料金は本年度中は値上げせず、またあらゆる総合施策を強化して、消費者物価は本年度中に安定基調を回復させる。また、国際収支の赤字は、輸出振興、外資導入、輸入の自制によって安定を図る。中小企業と農業については、他産業に比べて生産性の向上と所得増加が遅れがちであるが、近代化によって解決する。減税は、所得税、住民税を中心に2180億円を行う。

一方、日韓会議、OECD加盟、ILOの条約批准など対外懸案を解決して自主的な国民外交を展開し、わが国の進路を確定する。経済の運用を誤まらず、倍増計画を国民に定着させる。内閣の基礎をなす自民党の近代化により公党の倫理性を高めるとともに、政治の基礎をなす選挙制度を改正し、議会政治に対する国民の信頼に応える」(要旨)

池田の口ぶりは、例によって自信に満ち満ちたものであった。もとより、与党自民党席からは、随所に大きな拍手が起こった。

しかし、与野党議員の中には、池田の声にいつもと違ったものを感じた者が少なくなかった。持ち前のダミ声の中に、微妙にかすれる部分があることを見たということだった。

「一輪咲いても花は花」

池田はこの施政方針演説のあと衆院予算委員会の答弁席に立ち、4月に入って太平洋戦争による第1回戦没者・生存者の叙勲を相次いで発令、発表するが、喉《のど》の変調が一向に治らなかった。

この間、それでも池田は好きな酒、タバコをやめようとしなかった。タバコは、長い間、ニコチンの強い「光」を喫《す》っていた。この頃の暖房はまだ火鉢《ひばち》だったが、二口三口喫ってはすぐに灰に立て、またすぐ火をつけるといった具合だった。ために、池田邸の火鉢の中は、喫いかけのタバコが林立していたのが常だったのである。「光」のあとは、周囲の進めもあり、「光」と比べればニコチンの比較的弱い「スリーA」にパイプをつけて喫っていたが、ヘビー・スモーカーであることは少しも変わらなかった。じつは、その頃すでに、頸部《けいぶ》のリンパ腺がいささか腫《は》れてきているのに気づいていたにもかかわらずである。

そうした中で、6月27日、第3次池田内閣の佐藤栄作・東京五輪担当国務大臣と、藤山愛一郎・自民党政調会長が「池田政治」への不満として辞表を提出、これをもって事実上の池田「3選」を巡っての総裁選の幕が切って落とされることになったのだった。佐藤も藤山も、「3選」阻止へ向けて出馬の構えになっていた。

この間、池田、佐藤の双方の「師」である吉田茂元首相が、池田と佐藤の一本化のための仲介工作に動く一方、池田と佐藤が一本化へ向けて電話で直接話し合ってもみたものの、いずれも不調に終わった。二人の間は旧制五高以来の仲ではあったが、相互に密かに抱いていた愛憎の念の強さは、酒豪と下戸《げこ》、「陽」と「陰」の正反対の性格も手伝ってとても第三者に容易に理解できるものではなかった。横たわるのは、強烈なライバル意識、不信感だった。こんな証言が残っている。

「7月10日の総裁選となる自民党大会の前に、池田は息子のようにかわいがっている池田の元秘書でもあった田中六助《たなかろくすけ》代議士を佐藤のもとにやり、『東京五輪が終わったら政権を譲るから、池田の〝3選〟に協力してくれ』と伝えさせた。しかし、佐藤は『池田の言うことは信用できない』と、この申し入れをキッパリ断わった。田中六助がその理由を聞くと、佐藤は『大磯の吉田さんの前で、池田は自分は〝再選〟には出ないと言っていたが、あれもウソだった』と答えた。戻った田中六助はこのやりとりを池田に報告すると、池田は黙って上を向いたまま何も言わなかった」（『聞書・池田勇人』塩口喜乙・朝日新聞社）

こうしたやりとりがあっても、池田はなお意気軒高であった。池田派の小坂善太郎代議士が、「佐藤さんにそろそろ任せてもいい頃ではありませんか」と進言すると、池田は「いかんッ。来るなら来いいだ。絶対に（佐藤には）渡さんッ」と一喝する一方で、「こんどの総裁選は乱戦だ。佐藤は本当に困ったヤツだ」と側近に洩らしてはばからなかったのだった。

7月10日の総裁選は、池田に対抗して、案の定、佐藤と藤山が立候補した。他に、灘尾《なだお》弘吉《ひろきち》が立候補したが、これは初めから支援がほとんどなかったことから〝通行人〟視されたのだった。佐藤は「もはや池田内閣のもとでは、国民の幸せはない。にわかの〝低姿勢〟に終始して、この国の発展はあり得ない」、一方の藤山は「池田内閣の政策は、いまやその日暮らしである」などと、池田を強く批判したものだった。

対しての池田の立候補声明は、次のようであった。

「私は対米、対欧外交の礎石を固めた。これからは太平洋、アジア地域の近隣諸国との間に理解と協力を求めたい。経済は成長を遂げ、いまや社会の発展のための調整に入った。いわば、歪み是正のときである。中小企業と農業の近代化、地域的な格差是正、社会保障の拡充などがその課題である。人つくりは、常に政治の基本である。祖国を愛し、民族の興隆を願う脈々たる精神は、福祉国家の背景でなければならない。私は、そのための礎となろう。以上を達成するため、わが党を近代化し、人材を簡抜《かんばつ》して清新、強力な政治力の結束を図りたい。私は過去4年間の体験を生かし、さらに一層の勇断をもって事に当たり、所信の貫徹を期したいと思う」（要旨）

この総裁選は、結局、党内を2分することになった。河野一郎、川島正次郎、三木武夫、さらには旧大野（伴睦）派の各派が池田を支持した。とくにハッスルしていたのは「次」を窺《うかが》う河野で、「池田のあとは佐藤とは限らない。実力次第だ」と吹きまくり、これには池田「3選」後の自分への政権禅譲がチラついていたともっぱらだった。

そうした中で、〝大乱戦〟の多数派工作が展開された。この総裁選は、衆参両院の自民党国会議員と46都道府県（当時）の代表である地方代議員による投票によったが、どちらを推すべきか決断できぬ議員、地方代議員には、池田、佐藤、藤山の3陣営から凄まじい〝実弾〟が撃ち込まれた。札束が乱れ飛ぶ、史上まれにみる金権選挙となったのだった。

2派からカネを受け取る「ニッカ」、3派からの「サントリー」、どこからでも受け取る「オールド・パー」といったコトバが生まれている。また、上京する地方代議員をホテルに缶詰めにして投票を強要する陣営の一方で、これをさらに切り崩す「缶切り」なるコトバも出たのだった。田中角栄などは、「自分は佐藤派所属だが、池田さんにもだいぶ世話になっているからこれは恩返しだ」と言って池田派に献金を申し出たりと、〝板挟み〟の中なんともヘンな動きをしていたのであった。

結果、池田派の鈴木善幸の直前の票読みは「池田の楽勝」だったが、これがまるで読み違い、フタを開けるとでもない結果となった。池田242票、佐藤160票、藤山72票、灘尾は〝通行人〟扱いだっただけに1票、無効3票（有効投票475）と、池田は決選投票をまぬがれる過半数をわずか4票上回るだけだったのだった。仮に、過半数に届かずとなれば、決選投票では佐藤、藤山の「2・3位連合」の密約があったこともあり、サイコロの目は、池田、佐藤のいずれかに出ていたかは定かではなかったのである。

この結果に、さすがに池田は憮然《ぶぜん》とした。

当選祝賀パーティの席上、池田は大きな白い菊の花を胸につけていたが、心なしか笑顔は薄かった。祝辞を述べたあとベテラン代議士の松村謙三《まつむらけんぞう》は、池田に向かい小声でこう言った。

「君、一輪咲いても花は花だよ」

池田首相退陣と佐藤栄作への苦渋の「後継指名」

その一方で、池田の病状は確実に進んでいた。喉の痛みは強くなり、やがて東大の切替一郎教授の診断による癌《がん》との正式見立てにより、国立がんセンターの比企能達《ひきよしざと》総長、日大の中村四郎教授、慈恵医大の佐藤重一教授、大阪・多根《たね》病院の多根要之助医師により、善後策の鳩首《きゅうしゅ》会議がもたれた。入院はどうする、あるいは表向きの病状発表はどうする、池田本人および家族にはどう伝えるべきか。一国の首相の病気である。あらゆる点でその影響力を考え、詰められた。

結果、まず時に自民党筆頭副幹事長だった池田の側近中の側近、大平正芳に「総理は癌である」と伝えられた。その大平に伝えられたものは、次に前尾繁三郎に、さらに前尾から宮沢喜一、黒金泰美、そして首相秘書官の伊藤昌哉の順に伝えられた。つまり、医師以外ではごく一部の口の堅い池田側近だけが、この時点、池田の癌を知り得たのだった。もとより、池田本人、家族には一切伏せられていた。

前尾はのちに、自著で次のように告白している。

「当時の医学では、本人に癌であることを知らせるのは禁物であった。加えて、折りから東京五輪が始まろうとしている際に、その国の総理が癌で入院中とあっては、五輪そのものを非常に暗くする。そこで、私は密かにがんセンターの比企総長や久留《くる》病院長に『一国の総理のことであるから、病状については全部、本当のことを発表してもらいたい。しかし、癌であることだけは、絶対に嘘を言ってもらいたい。それは医者としての良心に反するであろうが、他日、私が必ず国民にお詫《わ》びするから』と頼んだ。それで、9月25日に『前癌症状』という発表をされたのである」(『政治家の方丈記』理想社)

一国の首相が癌となれば、近々〝政治が動く〟のは必至である。大平、前尾、宮沢、黒金、鈴木、そして秘書官だった伊藤の池田側近たちの苦悩が、ここから始まった。いかにしたら、池田に「有終の美」を飾らせることができるか――。

そしての9月8日。定例閣議の終わる間際、時に官房長官だった鈴木善幸は、さり気ないふうをよそおい、「総理は慢性喉頭炎のため、明9日から1、2週間の予定で入院することになります」と口にした。それを受けて首相の池田は「入院でオレの地声が変わると困るなあ」と一言、閣僚の間には場違いな笑いが流れたのだった。ちなみに、池田にとっては、これが最後の閣議となっている。すでに、この時点で大平ら池田側近たちは、正式病名の「扁平上皮癌」（喉頭癌）を承知していた。

9月9日、午後6時。東京・信濃町の池田邸で、池田のしばしの入院のための小宴が催された。料理は、料亭「吉兆」から運ばれた。池田は酒をのみ、タバコも喫った。池田は家族や側近たちを前に、「酒もタバコも、これっきりだな。さぁ明日からはやめるぞ」と笑顔で言った。「池田自身は、すぐ退院するつもりでいた」とは、当時の池田派担当記者の弁である。

午後7時。背広姿の池田は自邸前で娘たちの見送りを受け、「人間ドックに入るようなもんだなぁ」と照れたような表情を見せ、満枝夫人とともに車に乗り込んで高速4号線を走り、築地の国立がんセンターへ向かった。

高速道からは、晩夏に暮れなずむ東京の街並が視野に入った。五輪開催に満を持す新築のホテル・ニューオータニ、東京プリンス・ホテルの威容に、車中の池田は改めて目を見張った。まさに、高度経済成長の象徴を見る思いだった。東京五輪の聖火は、この日、全日空YS11の「聖火号」で、沖縄から鹿児島空港に到着、本土入りをしていたのだった。

付言するなら、2020年、56年ぶりに東京五輪・パラリンピックを開催する。しかし、政治家を含めた国民の圧倒的多くがこの国の成長の象徴として受け取ったこととは、その向き合いかたは大きく違っているように見える。予算、競技場の誘致など、〝政争の具〟が大きく顔を出し、国民は受け取り方を大きく変えている。五輪開催の本旨は、その姿を変えているということである。

さて、10月に入ると、池田の病状は一進一退となった。12日、国立がんセンターの比企総長が池田の病室を訪れ、癌であることを避けるような形で、間接的な言い回しで首相辞任の勧めをした。このときの状況を、のちに秘書官の伊藤昌哉はこう述懐している。

「比企総長は、池田に病状をこう伝えた。『治療1カ月で経過は良好です。局部の上部はよくなって、奥が見えてきました。これで放射線治療はあと約1カ月以上はやらなければならず、副作用も考えられます。ここ3、4カ月は声を使うことができません。治癒までには、半年かかるかも知れません』と。これを聞いた池田は言った。『11月で放射線治療はいったん終るのだから、一度、退院したらどうだろう。そのまま政治生活を続けたらどうか。それで生命がなくなるかも知れないが』。なお、比企総長と池田のやりとりは続いた。『とんでもない。医師として、生命をかけるようなことは許可できません』『このまま放っておいたら癌になるのか』『それは分かりません。ならないかも知れないし、なるかも知れない。医者としては、急いで放射線をかけなければならないとしか申し上げられません』『1カ月して、そのとき考えてみるという方法はあるな』と。そのうえで、池田は比企総長に聞いた。『これを知っているのは、他に誰かいるのか』。比企総長が『前尾さんと大平さんの二人きりです』と言うと、池田は『そうか……。2、3日考えさせてくれないか』と答えた」(『池田勇人・その生と死』至誠堂)

10月25日。国立がんセンターの久留病院長による池田の病状についての記者会見が行われた。久留は、次のように病状を発表した。

「下喉頭の入り口部分を占拠していた腫瘍《しゅよう》は縮小し、25日現在ではほとんど消失している。しかし、腫瘍細胞の残りやすい病巣の中心部にレントゲン照射を続ける必要があり、2、3カ月の入院、加療が必要。その後、私の希望としては、少なくとも2、3カ月の静養を求めたい。静養とは、できるだけ声を使わないということであります」(要旨)

久留病院長のこの発表、記者会見を受けての3時間後、池田は病室に自民党の川島正次郎副総裁、三木武夫幹事長、大平正芳筆頭副幹事長、閣僚から鈴木善幸官房長官、河野一郎国務大臣の5人を招き入れ、ついにこの場で首相辞任の決意を伝えた。その後、「首相談話」が発表されるに至ったのである。その「首相談話」から窺《うかが》えた池田の心境は、次のようなものだった。

「私は入院以来、1カ月余を経過しましたが、医師がなおしばらくの療養を求めております。私は首相としての重責に鑑み、この際、党総裁と首相の地位を辞任することを決意し、只今、党首脳に円満かつ速やかに後継者を選考するよう伝達いたします。内外の情勢から、国民の皆様に少しでも不安を与えてはならないと考えたからであります。

7月の総裁3選後、私はわが国の国際的地位の向上、成長経済に伴う諸々の歪み是正を政治的な使命としてまいりました。私はいま首相、総裁として、その実現を断念せざるを得なくなりました。国民各位に対し、誠に相済まぬ気持ちで一杯であります。私のこの思いを、わが党、同志諸君に託したい。同志諸君は一致団結して、速やかに政局の安定を図り、政治の近代化、高度経済国家の建設をもとにし、世界の信を一層得るよう、わが党の責任と公約を立派に果たされることを切望してやみません。

自ら顧みて、足らざるところの多かった私に、4年有余の長きにわたり支援と鞭撻《べんたつ》を惜しまなかった国民各位、とりわけ政治にたずさわる与野党の友人諸君に心から感謝の意を表します」

10月25日、あえてこの日に退陣への「首相談話」の声明を出したのは、折りから前日に閉幕していた東京五輪の翌日であり、聖火が消えた余韻に合わせて池田もいよいよ政権の座を降りるのだとの、側近の大平によるいささかロマンチックな演出によるものだった。

この辞任表明後、池田は肩の荷がおりたこともあってか、病状には好転の兆しも窺えるようになった。

さて、一方で後任総裁の候補絞りは、池田の要望により、川島副総裁、三木幹事長を中心とする自民党執行部が銓衡《せんこう》し、公選によらず話し合いで決めることが決まった。三木が言った。

「そのうえで、最後は池田首相の指名としたい」

池田は見舞いに来た「宏池会」の田中六助と寿司をつまみながら、「後継はオレの裁断だ」と田中をにらみつけるように言ったのだった。

結局、後任総裁候補として、佐藤栄作、河野一郎、藤山愛一郎の3人が絞り込まれたが、調整作業は難航を極めた。短気な池田は、病室から側近の大平、鈴木に電話をかけて怒鳴りつけた。

「いつまでモタモタしているんだッ。世界中の笑いものだ。オレのところに持って来い。決めてやるッ」

手間取った裁定は、池田が退陣の「首相談話」を発表してから16日後の11月9日に、ようやく行われた。午前7時、国立がんセンターの池田の病室に川島副総裁、三木幹事長が入った。大平、鈴木がこれに同席した。しかし、川島、三木は、ここで結局、一本化への調整が不調に終わったことを告げることにとどまった。

和服姿の池田は、調整経過と党内情勢の説明にジッと聞き入っていたが、「報告を了承する」と口を開いたあと、こう言った。

「この際、とくに河野一郎君には気の毒だが、後継は佐藤栄作君が妥当だろう」

ただちに、前夜、大平が「池田書簡」という形式でしつらえておいた裁定文の空白個所に、「佐藤栄作」の文字が書き込まれた。池田としては、神奈川県大磯で裁定の行方をにらむ吉田茂元首相の〝意向〟もチラついたようであった。吉田は「吉田学校」優等生として、池田、佐藤をとりわけかわいがっていた。池田としては苦渋の選択ではあったが、〝無難〟な道を選んだと言ってよかったのだった。

「佐藤はあれじゃダメだ。勉強しておらん」と池田の舌打ち

かくて佐藤栄作を後継に指名した池田ではあったが、じつは池田の胸中をよぎったもう一人の人物がいた。あの「終生の友」、前尾繁三郎である。

のちの池田の遺言めいた言葉の中に、万事に控え目、遠慮がちに振る舞う前尾をもどかし気に思ったか、「前尾は、もっと自分を政治の花道に押し出すようにしなければと思っ

ている」という部分がある。

池田と前尾は、前述したように兄弟以上の強い紐帯感でつながっていた。日本の将来がどうあるべきかも、熱く語り合ったものであった。戦後の昭和24（1949）年の総選挙ではともに政界入り、以来、池田のそばには常に前尾があった。前尾はのちに、「率直に言って、二人は性格も考え方も違っていた」と語っているが、二人の間にはそれを遥かに超えた気心の通じ合いがあったと言えた。池田はそうした能力ある前尾の一歩引いた政治的行動を見ていると、なんとももどかしかったということである。

昭和39（1964）年11月9日、池田内閣総辞職、伴ってここに佐藤栄作内閣が発足した。その直後の臨時国会での佐藤の所信表明演説、それに続く予算委員会の審議を病室のテレビで観ていた池田は、こう舌打ちした。

「あれじゃダメだ。佐藤君は勉強しておらんなあ。まったくなってない」

一方で、前尾のどことなく茫洋《ぼうよう》としたあの姿が、ダブっていたのかも知れなかった。

その後の池田は、昭和39年12月5日、入院以来88日目にして、正式に国立がんセンターを退院した。以後、病状は一進一退であったが、翌40年7月30日には前日から入院していた東京大学病院で呼吸困難を助けるための気管切開に至る。気管を切開したことにより呼吸は楽になったが、ここで池田は声を失った。声を失った池田は、以後、筆談の練習を始めた。「思った以上に、苦しい病気だ。癌かも知れないな」「見ざる、聞かざる、言わざるというが、この言わざるは最良だ。しゃべるのは小人の泣き言が多い」などと書き、付き添いの側近たちに見せたりしていたのだった。

その気管切開から5日後の8月4日、改めての根治手術が行われ、7時間に及ぶ手術は喉の部分はもとより、背中から胸、腹にかけても執刀が行われた。すでに、癌は池田の体を広範囲に蝕《むしば》んでいたのである。そのうえで、8月13日の金曜日、午後零時25分、池田は満枝夫人や三人の娘たちに看取られながら永眠した。

池田が目を閉じて2時間後、東京地方ではそれまでの20日間、一滴も降らなかった雨がしのつくように降り出した。満枝夫人はその死があまりにショックだったのか、涙を見せなかった。しのつく雨は、満枝のそれを代弁した〝涙雨〟とも言えたのであった。

戦後首相の中で、闘病生活なども含めて、最も波乱に富んだ人生を送った一人が池田であった。

弔問に訪れた各界の名士を前に、その満枝は「池田はやりたいことをやらせて頂きました。心おきなくあの世に旅立ったものと思っています」と頭を下げた。

「池田政治」の功罪とは何だったか

戦後経済の立て直しに腐心、高度経済成長に邁進《まいしん》した池田政権4年3カ月の功罪とは、何だったのか。整理しておく。

外交面では、前述したように「IMF8条国移行」「OECD加盟」により、昭和40年代の開放経済体制へ向けて日本をテイク・オフさせた功績が残る一方、対共産圏、対アジア外交には、積極性を見せることはなかった。東南アジア諸国との接触は、戦後賠償問題の収拾にとどまっている。

一方、高度経済成長社会構築のための所得倍増政策は、強気の経済運営の結果、昭和38(1963)年上半期には消費者物価が上がり始めるなどの歪みが出始め、ゴール寸前での息切れ感はあったが、まずは成功したと言ってよかった。

「所得倍増計画」は、昭和36年度からの10年計画ではあったが6年目の41年度にしてほぼその計画を達成、7年目の42年度にはGNP(国民総生産)、国民所得は上昇、一人当たりの国民所得はついに2倍を超えたからである。10年間の実質の平均経済成長率は、なんと年率10・7%を維持した計算になる。昭和38(1963)年夏まではボーナス・シーズンのたびに新聞には「史上最高のボーナス」という大見出しが躍ったものであった。

池田側近として、その間、日米関係を中心に経済政策をサポートした宮沢喜一は、池田によるこうした所得倍増政策の意義、そして高度経済成長が生んだ歪みなどについて、次のように明らかにしている。核心を突いていると思われるので記しておく。

「(安保騒動を引き金にした岸信介首相退陣後の池田の登場は) 世間からは〝剛球投手〟と言われていたが、結果として池田さんがああいう時局を収拾することになったわけで、所得倍増など経済主義路線を取り、その後の経済大国、言い方によっては〝エコノミック・アニマル〟と言われるような日本の出発点になった。しかし、これはむろん企《たくら》んでやったことでなく、一つは岸さんが辞めて世の中が急に静かになり、一種の瘧《おこり》が落ちたようなというか、とにかくスッと静かになった。だから、政治的な面ではフォロー・アップは必要ないというか、一種の虚脱感みたいな状態だったんです。政治の面がそういうことですから、池田さんはかねてから思っていた所得倍増のほうへ入っていくわけです。私は、こう考えている。所得倍増計画というのは、ケインズ理論を中心とした政策だが、日本の経済成長、工業化を通じて、完全雇用、高賃金になるという雰囲気をはっきり国民の意識に植えつけて、政策的にそれを誘導したというのが、あの政策の値打ちだと。

経済というのは、かなりの程度、予測で動くものです。身近な例が株式市場で、皆がそう考えることによって期待を実現するということなんです。そういうような（高度成長の）意識を国民に持たせ、それを積極的に誘導したのは、やはり池田さんの功績だと思う。（消費者物価上昇など、高度経済成長の歪みについては）私は昭和37年に経済企画庁長官になって、まさに物価のほうをやらされたわけだが、経済学者の下村治さんは物価の上昇に過度に神経質になるべきでないという立場だったが、池田さんとしてはむろんどうなってもいいとは言えませんから、私にそのほうの仕事をやらせたということですね。（池田内閣の戦後政治史の中での位置づけについては）池田内閣のとき、まさに日本が経済大国になる基礎ができたことは言うまでもない。戦争が終わって、外地から沢山の人が引き揚げて来、戦後の日本は深刻な失業問題を抱えていた。加えて、日本は農業国だったし、この労働力が過剰にあったことが、日本の工業化ひいては所得倍増を可能にし、ついには東京五輪のあとぐらいのところで完全雇用までいくわけです。したがって、そこまでいくスタートがあの時代だったということです。完全雇用になると、こんどは経済の高付加価値が始まり、賃金が高くなって高度成長になっていったということになる」（「権力の中枢が語る自民党の30年」読売新聞社）

まさに、日本が新たな針路を求め続けあがき続けた中での、池田の大仕事だったと言ってよかった。

一方、池田が政権を降りたあと、フランスの「ル・モンド」紙は、こう記したものであった。

「池田氏は1960年代における日本の反米エネルギーを、経済問題に向かせることに成功した。池田氏の政権後半になって経済成長の過熱が問題になってきたが、池田氏の最大の功績は、日本国民に対して、日本は豊かな社会を実現できる能力を持っていることを教えたことではないか」

第五章

落日の「成長」

1971年8月、ニクソン米大統領の演説をきっかけに世界中の外国為替市場でドル売りの嵐が起きた。東京・大手町の証券会社の店頭には、心配して駆けつけた人があふれた

朝日新聞社／アマナイメージズ

佐藤栄作は戦後処理外交にシフト

さて、池田勇人の退陣を受け、高度経済成長のバトンタッチを受けた形の佐藤栄作の前に立ち塞がっていたのは、昭和40（1965）年の不況であった。

この不況の要因は、大きく二つあった。

一つは、東京五輪の関連工事の終焉《しゅうえん》に伴って設備投資が極端に抑制され、マクロ経済としての需給ギャップが拡大したことであった。二つは、企業の資本調達が直接金融から間接金融へ急激にシフトをしたことにより、投資信託の行き過ぎ、過度の株式供給で証券恐慌が起こったことであった。

そうした中で、佐藤は戦後それまでの財政均衡主義を旨としての国債不発行の原則を、財政法を改正してこれを改め、建設国債7300億円、減税3100億円という積極財政予算を組んだことでマクロ的な有効需要が生まれ、まずは企業収益を回復させる手を打った。伴って、株価は低迷から脱却することができ、その後、2年ほどは製造業の設備投資は停滞、企業倒産件数も少なくなかったが、なんとか不況に風穴を開けることに成功した。

そうした背景の中で、わが国は昭和42年の時点でドル換算のGNPは、イギリス、フランスを抜き、〝明治百年目〟にあたった翌43年には西ドイツまで抜き、アメリカに次ぐ世界第2位となり、「経済大国」を象徴する年になった。以後、昭和40年代は戦後それまで最も長い57カ月に及ぶ「いざなぎ景気」が実現することにつながるのである。池田による所得倍増計画の最終目標である昭和45年には、世界の中で6％の比重を占めるに至っている。

ちなみに、この景気拡大期間は、現在の第2次安倍内閣が発足した平成24（2012）年からの「アベノミクス景気」による58カ月＝9月現在＝と並び、いずれもその後の昭和61（1986）年から平成3（1991）年までの「バブル景気」の51カ月を抜いた形になっている。

さて、その佐藤は首相就任後、一方で池田前政権から引き継いでいた政治課題の日韓条約、ILO87号条約批准承認などを処理する一方、その政治姿勢の力点を、経済政策以上に戦後処理問題に向けた感があった。政権の長さは、「師」である吉田茂元首相の7年2カ月を抜いて7年8カ月の〝戦後最長政権〟を記録するのだが、そのエネルギーの大半を「戦後を終わらせる」大きな象徴として、対米交渉としての「沖縄施政権返還」に費したと言ってよかったのである。政権運営、経済政策などは、巧みに有能な部下を使うことで凌いだのである。

「佐藤政治」は、「待ちの政治」と言われた。一方で佐藤には「早耳の栄作」との声があった。また、政局、政策の仕懸けは常に冷静で急がず、自民党内あるいは野党の動向の情報をまず集め、それを分析してやおら動くのだから、失敗は最小限に抑えられたということでもあった。佐藤派の若い議員によく口にしていたのは、「口は一つ、耳は二つだ。まず人の話に耳を傾けることだ」ということだった。この「待ちの政治」手法が、〝戦後最長政権〟を実現させたと言っても過言ではなかったのである。

もう一つ、〝戦後最長政権〟の秘訣《ひけつ》は、「人事の佐藤」に見られた。佐藤派あるいは他派ながら佐藤に近い議員には、重要閣僚から党3役までレギュラー・ポジションを張れる人材が多々いた。政権運営では佐藤派の田中角栄、保利茂《ほりしげる》、橋本登美三郎《はしもととみさぶろう》ら、経済問題とあれば自派ではないものの友軍としての福田赳夫、愛知揆一らがいた。さらには、政権基盤を強力なものにするには参院を押えることが肝要とされている中、この参院も佐藤と山口県で郷里を同じくする絶大な参院掌握力から「天皇」と言われた重宗雄三《しげむねゆうぞう》をガッチリ押えていた。そのうえで、その他の人材も「人事の佐藤」で縦横に操ったということであった。

その卓抜な人事の秘訣は、「チェック・アンド・バランス」にあった。まず、同一人物を長く同じ重要ポストに置くことを極力避けた。例えば、田中角栄が幹事長、大蔵大臣として力を持ちだすと、ほどほどのところで保利茂を幹事長に据え、大蔵大臣を福田赳夫に代えるといった具合である。また、その逆の起用もあり、要は部下の力の突出を押え込むことで、自らの権力保持を図ったということであった。ポストをいじり、台頭する者は常に押え込む。逆に、能力はあるが、いささか腐っていると見れば引き上げる。絶妙なリーダーシップの発揮と言えたのである。

こうした「チェック・アンド・バランス」人事はまた、ビジネス社会のトップなどが権力維持を図るための〝要諦《ようてい》〟とも言える。田中角栄などは「オレが佐藤派の台所の泥はすべてかぶる」と口にしていたが、佐藤はそれを任せはしたが人事は別物だったということだったのである。

田中角栄が勝負に出た「都市政策大綱」

一方、佐藤政権を支えた田中角栄は、第1次佐藤内閣では池田前内閣に引き続いて大蔵大臣留任、その改造を機に幹事長に転じた。

蔵相ポストでは、経済の大混乱を招きかねない証券恐慌の象徴であった「山一證券」の倒産危機を「日銀特融」を発動して回避させた一方、幹事長としては、与野党対決で泥沼化の日韓条約法案を成立させるなど、佐藤政権の危機回避に剛腕ぶりを示したものだった。

しかし、共和製糖事件、あるいは閣僚の私的スキャンダルなどの「黒い霧事件」の責任を一人かぶる形で幹事長を辞任、その後の第2次佐藤内閣では自民党都市政策調査会長という閑職に甘んじることをよぎなくされた。

閑職に追いやられれば腐るのが人の常だが、ここでの田中は一味違っていた。田中はこの閑職ポストで、政治家となって以来、一貫して自らが抱いてきた政治信念を、体系的にまとめる「都市政策大綱」をつくり上げることに全力を挙げたのだった。のちに首相となって発表する「日本列島改造論」は、まさにこの「都市政策大綱」を具体的に肉付けしたものであり、田中としてはここで「天下取り」へ向けての最後の詰めとして本腰を入れたということでもあったのだった。

田中のこの調査会にかける意気込みは、大変なものであった。現在なら5000万円に相当する当時1000万円の私費を投じ、調査会メンバーに派閥横断で人材たる国会議員87人、その他、この国の現状を憂う将来の国づくりに情熱をたぎらせる中央省庁官僚、自治体首長、学者らの精鋭を集め、通常の調査会とは比較にならない体制で臨んだのである。

また、この調査会に各省庁、地方自治体などから集められた資料はじつに2トン・トラック1台分に達し、これを都合1年2カ月の間に手分けして分析、さらに総会29回、正副会長会議9回、分科会18回、起草委員会18回と、異例の会合の回数を踏んだのであった。

田中ももとより先頭に立ち、昭和42（1967）年3月16日の東京・平河町「全共連ビル」で行われた都市政策調査会第1回総会では、メンバーを前に次のようなオクターブの高いあいさつをしている。

「わが国の都市問題はいまや政治の避けて通れぬところであり、一瞬も放置できない段階に達している。ために、均衡の取れた国土の総合開発計画をまずつくり、過密と過疎問題の同時解決を図らねばならない。それには、これまでの古い効率投資の概念を捨てて、新しい先行投資の概念を政策の基本に据える必要があるッ。また、都市改造や国土改造政策を推進するため、国の財政力だけでなく、民間のエネルギーを積極的に利用しなければならないのであります！」

こうして、昭和43年5月22日、調査会としてじつに6万語に及ぶ「都市政策大綱」をまとめ上げ、これは5月27日に自民党総務会で了承を得たのだった。

この「都市政策大綱」はまた、革新陣営からも〝新しい国づくり〟提言として異例の拍手があったが、ふだん田中や自民党をあまりホメない朝日新聞が、「自民党都市政策に期待する」と題する次のような社説を掲げたのが印象的だった。

「産業構造の変化と都市化の急激な流れは、都市地域の過密と地方の過疎による幾多の弊害をもたらし、国民生活に不安と混乱を与えている。ところが、わが国ではこれまで政府も与党も、総合的、体系的政策に欠け、その施策は個々バラバラの対症療法としてほころびをつくろうものばかりであった。それを、20年後の都市化の姿を展望し、問題解決の方向、手法を単なる理論でなくて政策ベースに乗せたという意味で、この大綱は高く評価されていいであろう。

しかも、『過去20年にわたる生産第一主義による高度成長が、社会環境の形成に均衡を失い、人間の住むにふさわしい社会の建設を足踏みさせた』と反省し、公益優先の基本理念をもとに各種私権を制限し、公害の発生者責任を明確にしたことなど、これまでの自民党のイメージをくつがえすほど、率直、大胆な内容を持っている」（昭和43年5月26日付）

また、この年7月の参院選直前に、自民党はこの「都市政策大綱」を選挙の〝目玉〟として利用、発表、選挙前の政党PR的なものは極力紙面から追放するのが通例の新聞各紙が、これを揃ってトップ扱いで報道したのも印象的だった。

また、田中はこの「都市政策大綱」が公表される前、一方ですでに全国各地に張り巡らせるとする「新幹線9000キロ構想」も公《おおやけ》にしていた。

このときの田中と運輸官僚、あるいは旧鉄道省（のちに運輸省）出身の佐藤首相との丁々発止のやりとりが面白い。

運輸官僚がこの構想では「予算的にムリ」を理由に、「3500キロ」と縮小した運輸省案をつくってくると、田中は顔を真っ赤にして「こんなものではダメだ。9000キロだッ」と一喝した。そのうえで、日本地図を広げ、赤エンピツで全国の新幹線地図を書き、改めて「これでやれッ」と厳命したのである。さしもの運輸省も、すでに「ポスト佐藤」の有力候補として認知され始めていた実力者の田中にはさからえずで、その後、15年間で9000キロ、総予算11兆3000億円に及ぶ運輸省案に基づく全国新幹線鉄道整備計画要綱がつくられることになった。

一方、この要綱はただちに運輸省は〝わが官庁〟の佐藤首相のもとにも届けられた。佐藤はこれに目を通しながら、しかし赤字路線の発生を憂慮、いくつかの路線の不要を指摘した。言うならば、田中の積極財政極まれりに反対したということでもあった。こうした佐藤の反対意向に、田中は官邸に乗り込み佐藤と直談判の激論をやったのである。

「君は新幹線にタヌキでも乗せるつもりか。赤字をどうするのか」と佐藤、「運輸省案には各省とも賛成しています」と田中。怒った佐藤は、「何言っている。政府はオレだ。キミではないッ」とも言ったのだった。

また、大蔵省も予算上の問題から、いかに田中が大蔵大臣を経て省内掌握力を持っていても、さすがにこの〝カネ食い虫〟にはやすやすの賛成はできかねた。主計官が、「(田中の地元・新潟と東京間を結ぶ)上越新幹線は黒字が見込めません」とオズオズ口にすると、しかし田中いわく、「君、それは大丈夫だ。心配することは何もないぞ」と、まったく聞く耳は持っていなかった。

かくて、それから1年半後の昭和45年5月、田中は先の計画要綱をベースとした「全国新幹線鉄道整備法」としてこれを成立させた。また、田中がその2年後の47年7月の自民党総裁選立候補の1カ月前に出版されたかの『日本列島改造論』にも、この全国9000キロ新幹線案が盛られることになったのだった。

一方、田中による先の「都市政策大綱」を〝目玉〟とした43年7月の参院選で自民党がほぼ前回並みの議席を確保したことから、佐藤は自民党総裁「3選」を果たし、その後の改造人事で、沖縄返還の実現、折りからの大学紛争など深刻な課題にも直面していたことから、ここで田中を改めて幹事長に起用、懸案処理にあたらせたのであった。まさに、機を冷静にとらえる人事の「チェック・アンド・バランス」の駆使ということであった。

この頃、そうした裏では、やがての「角福」総裁選で天下取りを競うことになるこの田中と福田赳夫の、熾烈《しれつ》な神経戦も進行していた。「ポスト佐藤」に福田を推す佐藤の実兄・岸信介元首相らがバックの福田陣営は、田中の力をそぐべきとして、この田中の幹事長再登板に反対、佐藤に盛んにネジを巻いた。ために、佐藤も一時はグラリとし、田中の官房長官起用も考えたが、この情報が駆けめぐると、田中は言った。「オレは官房長官には絶対ならんッ」と。その裏には、オレ以外にこの難しい局面で幹事長が務まるヤツがいるかの強烈な自負があったということである。

結局、政権安泰こそ大事の佐藤は田中の幹事長で押し切り、鈴木善幸総務会長、根本龍《ねもとりゅう》太郎《たろう》政調会長の布陣で党3役を固めると同時に、内閣では政権「3本柱」と言われた福田赳夫を大蔵大臣、保利茂を官房長官に起用、巧みな「チェック・アンド・バランス」の人事で臨むことになったのだった。

「ニクソン・ショック」に揺さぶられた佐藤政権

一方、こうした新布陣で臨んだ佐藤政権における経済政策の運営そのものは難渋を極めた。

折りから、昭和45（1970）年は池田勇人による所得倍増計画の目標最終年次にして、高度経済成長の歪み、ますます、拡大していたからにほかならなかった。すでに、「いざなぎ景気」の終わりを告げる打ち上げ花火のような45年3月からの大阪万国博開催の中、公害問題は大きくクローズ・アップされ、翌46年8月にはドル切り下げと円の大幅切り上げという国際通貨調整、すなわち「ニクソン・ショック」という強烈な直撃を受けたことが大きかった。

これは、時のニクソン米大統領が日本が自主的に円の切り上げをせず、国内不況対策として対外黒字を増幅させていることに対し、一律10％の輸入課徴金実施を盾とし、各国に応分の対ドル通貨切り上げを強要したということであった。ここに、国際通貨の大混乱の中で、戦後の「ブレトン・ウッズ体制」は崩壊をみることにもなる。

ちなみに、この「ブレトン・ウッズ体制」とは、戦後の国際通貨体制を支えた中心的な国際金融機構を指す。世界銀行が復興と開発を目的とする長期資金の供与機関なのに対し、一方では、ＩＭＦ（国際通貨基金）が固定相場制の確立によって国際通貨体制の安定化を目的とし、その加盟国に固定相場維持に必要な資金を貸し付けるか貸付けに条件をつけることにより、国際収支の均衡化を促進する役割りを果たしたというものだった。

さて、先の「ニクソン・ショック」により、昭和46年（１９７１）年末の「スミソニアン合意」により対国間通貨調整が行われ、円は対ドル16・88％の切り上げを余儀なくされることとなった。しかし、節度を欠いたこうしたアメリカの経済運営は、一方でドル不安を再燃させる形となり、わが国も無期限の変動相場の荒波に呑み込まれることをよぎなくされた。

こうした中で、佐藤はこの円切り上げ騒動後の昭和47年5月、悲願の「沖縄施政権返還」

を実現させたのを置き土産に、7年8カ月の〝戦後最長政権〟をまっとうして政権の座を降りた。政権末期には「待ちの政治」の弊害が目立ち、時代の急激な転換に立ち遅れたことは否めず、これはまた戦後ほぼ一貫してリーダーシップを取った権力的官僚政治の退廃が原因だとして、国民の批判を買ったということでもあった。

戦後の政治権力は、吉田茂、岸信介、池田勇人、佐藤栄作といった官僚出身の首相が、ほぼその主体となってきた。政治と行政がよく言えば一体化、悪く言えば政権政党と官僚の呼吸合わせの〝独走〟の中で、国民は戦後復興はこれに任すしかないとの思いを強めていたからにほかならない。やがて戦後復興が成り、民主主義の空気が広がりを見せる中で、国民は〝風通し〟のいい政治を要求し始めたということであった。〝政治を国民の手に〟ということであった。政治は、エスタブリッシュメント（特定身分）の者だけにあらずということでもあった。

ちなみに、宮沢喜一以後、細川護煕から今日の安倍晋三までの11人の首相は誰一人官僚出身者はいない。そして、それら非官僚出身首相の共通項は、安倍を除けばいずれも短命政権に終わっている。官僚機構という政治家には不可欠なバックグラウンドを持たぬゆえに、またとりたてのトップリーダーとしての構想力がなき中で、その権力の基盤を多く国民に求めたからと言っていいのである。いわゆるポピュリズム（大衆迎合主義）に傾いた政治手法をとらざるをえなかったゆえの結果である。国民は手のヒラを返す。「風」に乗る。安倍首相については、「内閣人事局」をつくり、官僚の人事を政権が握るという〝便法〟で、官僚を取り込んでしまったゆえの長期政権とも言えるのである。

対して、他の首相は〝浮き草〟政権の中で、高度経済成長のような緻密にして雄大な政策にはチャレンジせず、あるいはできず、その座を退くというケースが多かったということである。

さて、そこに佐藤栄作の後継として登場したのが、日本列島改造計画という壮大な構想をひっ下げての田中角栄であった。官僚出身にあらずの叩き上げ党人派、戦後最年少の54歳、「コンピュータ付きブルドーザー」と言われたように頭脳明敏、行動力抜群が知られており、国民、メディアは「庶民宰相」「今太閤」の圧倒的支持で佐藤のあとの官僚出身者にあらずのこの田中を歓迎した。

しかし、田中は「決断と実行」を旨に次々と政策課題にチャレンジした一方で、経済政策はしばしば暗礁に乗り上げ、政権半ばには高度経済成長の最終ランナーとして幕を降ろす役割りを演じることになるのだった。

日米間の最大経済懸案「繊維交渉」に田中の決断

田中が総裁選で福田赳夫を制した背景は、じつはその総裁選の1年前にさかのぼる。田中は昭和46（1971）年7月の佐藤首相最後の組閣となる第3次佐藤改造内閣を機に、それまでの幹事長を辞任、通商産業大臣に就任した。このときの改造で佐藤は福田赳夫を大蔵大臣に就け、ポストのバランスを取る形で来たるべき自らの退陣に伴う総裁選で、両者を競わせることにしたということだった。この通産大臣ポストで、田中は腕力、政治家としての実力を見せつけることで、少なからず総裁選へ向けての田中支持を強めていったのが、「田中勝利」の少なからずの背景であったということである。

この田中の通産大臣就任以前には、日米間に重い経済課題が立ち塞がっていた。時の通産商政の最大の懸案は、「日米繊維交渉」であった。

「日米繊維交渉」とは、昭和44（1969）年12月、ニクソン米大統領が日本に対し、繊維製品の輸出自主規制を求めてきたことから始まった交渉である。しかし、日本の繊維業界は一丸となって自主規制に反対だったこともあり、日米双方の主張には大きな隔たりがあった。以後、田中以前の大平正芳、宮沢喜一といった大物の通産大臣が都合3年かけて交渉に当たってもこじれにこじれ、一向にまとまる気配がなかったのである。田中は通産大臣に就任するや、これをなんとわずか3カ月余で決着に持って行ったのだった。

このときの田中の交渉術は、伝説的なものになっている。

アメリカ側は、「米国全体の貿易収支が悪化しているのは、突出した対日貿易赤字のせいだ。その象徴が繊維問題である」と激しく批判した。これに対し、通産大臣としての田中は「貿易は複数の国を相手にするもの。黒字の相手もあれば、赤字の相手もある。日本は米国に対しては黒字であっても、産油国に対しては赤字である。米国も、また同じではないか。2国間で常にバランスを保たなければならないという考えには、かなり無理がある」と猛反論した。しかし、なおアメリカ側は強固である。交渉は、難航を極めた。そうした中で、田中はついに日本での会談で〝最後の談判〟に及んだのだった。

会談の交渉相手は、タフ・ネゴシエーター（強力交渉人）として鳴っていたケネディ大統領特使であった。田中は日本製繊維の対米輸出の伸びを押え込もうと粘りに粘るケネディ特使に対し、得意の数字を連発して説得したあとこう言った。

「いいですか。あなたがこの日本案を拒否すれば、以後、日米間は大変なことになると思ってもらいたい。その場合の責任は、あなたにあることになります」

この〝脅し文句〟に参ったか、ケネディ特使は了解覚書に仮調印、ほうほうの体で帰国した。結局、田中の言い分を呑み、後日、政府間協定締結に至ったということだった。このときの田中の手の打ち方はなんとも大胆で、日本側の事情をアメリカに理解させたうえで、3000億円の財政支出で国内の繊維業者の損失を補償するというものだったのである。

交渉に同席していた時の通産官僚の、田中の交渉術の凄さについてのこんな証言が残っている。

「田中大臣は交渉にあたり、初めからこう言っていた。『繊維問題でこれ以上こじれたら、日米関係は最悪になりかねない。理不尽ではあるが、相手の要望も呑まなければならん。その代わり、日本の業界は救済する』と。交渉での弁舌の鮮やかさ、数字の記憶力、理解力、頭の回転の速さ、弁論の切り口など、どれを取っても当代一流、比類なしだと思い知った。リーダーシップとは、かくあるべし。田中さんが通産大臣になっていなかったら繊維交渉は間違いなく泥沼化、以後の日米関係に大きく影響していたことは間違いなかった」

田中にはよく、「外交でなく、内政向きの政治家」という評価があったが、これはまったく見当違いである。「内政向き」と見るのは、田中の持つ〝土着イメージ〟がさせたものにすぎず、決断早く、情緒的なものを排除して合理性を優先して押しまくるという手法は、むしろ「外交の田中」と見るほうが当たっている。外交とは日本人特有の情緒では通用せず、要は「あれをやるから、これをくれ」といった極めてドライなものである。スピード感と気迫、大胆な駆け引きがなければ、外交交渉は成功しないということである。

その後、田中は首相になってただちにミコシを上げた体を張った中国へ乗り込んでの「日中国交正常化」、同じくソ連（現・ロシア）での時のブレジネフ書記長との「北方領土」返還の交渉過程にも、そうした〝田中流〟は窺えたものであった。

例えば、ブレジネフ書記長は共同声明に「領土」「未解決の諸問題」との文言を入れることを断固、拒否したが、田中の気迫に根負けしたように「領土」の文言だけは拒否したものの、「双方は第2次大戦のときからの未解決の諸問題を解決して平和条約を締結することが両国間の真の善隣友好関係の確立に寄与することを認識し、平和条約の内容に関する諸問題について交渉した」となったのだった。声明には盛られなかったが、「未解決の諸問題」には領土問題が含まれることを、ブレジネフは口頭で認めたとされている。この北方領土返還交渉は、その後、今日の安倍晋三首相までの19代の政権を待っても、このときの田中・ブレジネフとの共同声明から、実質、残念ながら一歩も前進していないのが現実となっている。

陰る「日本列島改造」

さて、昭和47年7月、「日本列島改造論」の実現を目指して首相の座に就いた田中は、48年度の予算編成で大々的な景気刺激策を断行した。

景気は47年度後半から急拡大していた中、48年度予算でじつに前年度比24・8％増の14兆2000億円という積極財政で臨んだということだった。

しかし、この〝列島改造予算〟とも呼ばれた48年度予算は、47年後半から景気の拡大基調に乗り、卸売物価、消費者物価が急騰したことによりGNPは大幅に上昇、インフレ危機に直面することにもなった。また、公定歩合は5回も切り下げ、日銀のドル買い・円売り介入で円が国内金融に流れ込み、余ったカネは土地買い占めに流れ込んだ。ために、地価は高騰、一方で新幹線や道路とともに、もう一つの「列島改造」の柱だった工業再配置計画が、47年10月に工場移転促進地域を指定する線引きのための政令が出したことで、地価高騰をさらに牽引することにもなった。

この工場移転促進地域とは、東京を中心とする首都圏、大阪を中心とする近畿圏、名古屋を中心とする中部圏の過密地帯と決まり、逆に工場を誘致する優遇措置策を受けられる誘導地域が北海道、東北、北陸、九州などの27道県の県単位で指定されたものである。ために、地価高騰は工場移転促進地域の平均上昇率18％に対し、誘導地域では20％を超えたということであった。また、一方で東北新幹線や東北縦貫道路計画などにより、例えばその〝沿線〟となる岩手県盛岡市などは、じつに40％近くの地価高騰をみたのである。

かく田中の思惑とは異なり、政策推進は裏目、裏目と出ていった。伴って、内閣支持率もジリジリと下がり始めた。そうしたさなか、田中は、47年11月、「日中国交正常化」の余勢をかった形で衆院の解散に踏み切り、政権浮揚を策した。しかし、この総選挙は田中が佐藤政権時代に幹事長として300議席を獲得した〝前回〟に比べ、無所属当選11人を入党させても282議席を確保するにとどまったのだった。30議席近く減という敗北である。

12月10日の投開票で総選挙の敗北が決まった直後、田中は首相就任後初めて地元・新潟へのお国入りをした。長岡市での支援者を集めた集会で、それでも田中はこう強気の〝角栄節〟をブチ上げてみせたのだった。

「皆さんッ、仕事をすれば批判が起こって当然なんです。何もしなければ批判もない。信濃川に橋を架ける場合でも、『架ける、架ける』と言っている段階ではみんなに喜ばれるが、いざ架けてみると下流の人は『それ上流に架けすぎだ』、こんどは下流に架ければ上流の人が同じことを唱える。ですから、『田中さん、折角の〝田中ブーム〟を長続きさせるためには、あまりせっかちに仕事をしないほうがいいですよ』なんて言ってくれる学者もいる。しかし、冗談じゃないねぇ。ムードで政治ができるかだッ。どうかこれから、私の人気が悪くなったら『ああ田中は仕事をしているんだ』と、まぁこう思って頂きたいのであります！」（要旨）

一方で、この頃には総裁選で田中に敗北を喫したライバルの福田赳夫が、改めて田中批判のオクターブを上げ始めていた。

「角さんの強気は、なんとも心配だ。これでは超高度成長そのもので、インフレのさらなる加速が避けられない」

田中はそうした声を受け止めながらも、一方で悩んだ。〈昭和60（1985）年までには、なんとしても新幹線網を7000キロまではつくらねばならない。ために、列島改造をストップするわけにはいかない……〉

高度経済成長にピリオドを打たせた「第4次中東戦争」

そうした田中の経済・財政政策に、さらなる強烈な追い打ちが重なった。48年10月、「第

4次中東戦争」に端を発した、日本への「第1次石油危機（オイル・ショック）」の直撃だった。

OAPEC（アラブ石油輸出国機構）を構成するアラブ諸国は、戦争を有利に展開するため石油の生産削減と供給制限を決定、これが原油価格じつに2倍という暴騰となり、結果、「狂乱物価」を招くこととなった。とくに、石油依存度が高く、しかも石油消費量のじつに99・7％を輸入に依存する日本の打撃はあまりに大きかったということである。ために、日本国内では米、野菜、ビール、紙製品、灯油など生活必需品が軒並み高騰、なかでもトイレット・ペーパーが品不足に陥ったことで、買いだめに群がるスーパーなどの売り場ではケガ人が出る騒ぎも起きた。

ちなみに、のちに田中はロッキード事件に巻き込まれることになるのだが、田中の中にこのときの「第1次石油危機」で日本経済が石油でいかに左右されるかを痛感したのが、この事件の〝引き金〟ではなかったかという見方があった。

田中の中には、日本は資源に乏しい貿易立国、さらに言えば強大な防衛力を持てぬ持たぬの中で、どう資源外交をうまく展開、この国の存立を図ったらいいのかの思いが強かったとされる。原油価格が高騰すれば、原材料を加工しての輸出はうまくいかず、貿易立国としては衰退する。一方、国際的な軍事緊張ともなれば、〝敵方〟がまず日本の資源パイプを封鎖してくることは明らかである。資源パイプを断たれたら、日本経済は完全にお手上げだ。ために、文字通り〝油断なし〟、田中は新たな石油資源外交の必要性を痛感したということのようであった。

そのためには、何が必要か。その一つが、石油補完ルートの拡充ということだった。田中が首相に就任した前後のわが国の石油輸入先の90％近くがサウジアラビア、イラクなど世界の3分の2の石油埋蔵量を持つ中東であり、こうした〝中東オイル〟はまたアメリカのメジャーのコントロール下にあった。こうした中で、田中はこの石油補完ルートの拡充の必要性を痛感、新たに北海原油への参入、カナダ、メキシコからのルートを模索したのだった。

これがメジャーのご機嫌をそこね、合わせて「日中国交正常化」へ踏み込んだことで言わばアメリカの〝虎の尾〟を踏んだ結果、田中追い落としのロッキード事件というワナにはまったのではとの見方もあるということである。ロッキード事件の真相は、今日、依然として〝薮《やぶ》の中〟だが、ある程度、説得力のある見方と言えないこともない。

田中は、常々、こう言っていた。

「政治家というものは、それが正しいと思ったときはどんな障害があってもやらなければならない。国民の生活をあずかっているから、当然のことである」

経済の混乱、所得分配の歪みなど、田中の経済・財政政策の矛盾なども一方で拍車をかける中、田中にはもう一つのショックが重なった。「第1次石油危機」が起こった約1カ月後、経済の実務的な舵取《かじと》りを任せていた信頼の厚い時の愛知揆一大蔵大臣が、急性肺炎で急死したことだった。

この言うなら腹心を亡くしたことで、田中は二重、三重にこたえたようであった。一方で、自民党内の「田中政治」批判の声もいよいよ高まり、田中はこのままではもはや内閣はもたないとの危機に立たされた。ために、取った策は、愛知蔵相の後任に、あえて田中批判と安定成長路線を声高に掲げるライバルでもある福田赳夫を起用することだった。

福田に蔵相就任を要請したとき、田中と福田はこんなやりとりをした。

「国際収支も大赤字だ。もはや、経済、財政とも政策転換するしか道はない。それを呑んだうえで、全権を任せてもらえるなら引き受けるが」と福田。しかし、田中は逡巡《しゅんじゅん》の表情を浮かべて言った。「しかし、列島改造の一枚看板を下ろすわけにはいかない」。これを受けて、福田が言った。「それでは、とても蔵相を引き受けるわけにはいかない」。しばしの沈黙があったあと、ついに田中が折れた。

「……列島改造はやめる。お任せしたい」

この頃、田中は記者団とのやりとりで、こんな言葉も発していた。「狂乱物価」についてである。

「いいか、君たちばかりが庶民じゃないぞ。ぼくは、裸一貫で土方までしたんだ。人生の辛酸は、イヤというほどなめているし、誰よりも知っている」。顔を真っ赤にし、簡単には政権の座は明け渡さぬという強い意思を窺わせたものだったのである。

こうした中で、昭和48年11月、田中は第2次内閣の改造を断行、福田蔵相を決めたということであった。

蔵相に就任したその福田は、徹底した総需要抑制策を取って土地高騰、物価上昇の抑制、インフレ対策の目安をつけたうえで、翌49年7月、田中政権はそう長くはないとの読みも手伝って蔵相の座から降りた。田中は、福田に「任せた」と言った以上、この間、48年度予算に一切口をはさむことはなかったのだった。

ただし、福田の手による総需要抑制策により、翌49年度は戦後初のマイナス成長となり、ここに約18年間続いたわが国の高度経済成長は、実質的に幕を降ろすことになったのだった。

しかし、こうした意気消沈の田中に、追い打ちをかけるようについに政権の死命を制する月刊誌「文藝春秋」による田中の金脈・女性問題に関するスキャンダル記事が出た。

昭和49年11月26日、田中はついに万策尽きた中で退陣表明に至る。その「私の決意」と題する声明文は官房長官だった竹下登《たけしたのぼる》が代読した。その中身は、政権2年4カ月余を全力投球してきたこと、公人としての不徳を国民に詫びたあと、次のような言葉が続いた。

「わが国の前途に思いをめぐらすとき、私は一夜、沛然《はいぜん》として大地を打つ豪雨に耳を澄ます思いであります。自由民主党は、一日も早く新しい代表者を選出し、一致団結して難局を打開し、国民の負託に応えるべきであります。私も政治家の一人として、国家、国民のためさらに一層の献身を致す決意であります」

ここでの〝沛然として大地を打つ豪雨に耳を澄ます思い〟の中の「沛然」という文言は、じつは、当初、声明文には入っていなかった。この文案を最終的に見た戦後歴代政権が教えを乞うた陽明学者・安岡正篤が、あえて「沛然」という文言の挿入を進言したことにより、田中がこれを受け入れたものだった。安岡は池田勇人内閣の発足を前に、池田に対し、「低姿勢」で臨むことをあえて進言した人物であることはすでに第三章で触れている。

「沛然」とは、広辞苑によれば①盛大なさま②雨のさかんに降るさま、とある。田中があえて「沛然」の文言を入れることを了にしたのは、次のような心境が忖度《そんたく》できる。

29歳で国政に参画、以来、数々の議員立法をつくり上げることで戦後復興へ向けて全力投球をしてきた。その間、経済の再建に向けて、高度成長に多くの仲間と汗を流してきた。いま、池田勇人、大平正芳、宮沢喜一、前尾繁三郎ら、戦後復興に情熱をもって挑んだ同志たちの顔が、走馬灯のように流れていく。福田赳夫ら自らへの批判勢力もまた、振り返れば他山の石として人生、政治生活のブレーキ役を演じてくれたと――。

高度経済成長時代の懐旧が、すべて「沛然」の言葉の中に溶け込んでいたということのようであった。

行き場が見えない日本経済

かくて、戦後ゼロからの復活を成し遂げた高度経済成長の時代は終わった。

高度経済成長にピリオドが打たれたあと、政権が目まぐるしく変わる中で、景気、経済の様態も大きく変容した。昭和61（1986）年からの「バブル景気」、やがての平成3（1991）年のその破綻《はたん》を経、平成20（2008）年の「リーマン・ショック」をはさんで、現在、低成長、長いデフレ期間から抜け出せないでいるのが現実だ。

日本経済は、今後、復活を見せるのかどうか。

一言で言えば、不透明感に満ちている。いくつかの要因がある。それは、あらゆる面での凄まじい「変化」によるといっていいのである。

アメリカのこれまでとは極めて異質なトランプ政権の出現が、一つの象徴である。今後、階層・人種の差別といった分断社会が拡大すれば、アメリカ自体の衰亡を加速しかねないし、このことはこれまでのアメリカ主導の世界秩序が完全崩壊しかねないということがある。一方、それに伴って、わが国のアメリカとの長い「蜜月」が変容していく可能性も秘めている。アメリカの〝傘の下〟の日本の安全保障も、アメリカ主導の世界秩序が崩れれば成り立たなくなる可能性がある。このことはまた、当然、日本経済にも直結してくることが必至となる。

さらに、近年の日本経済が外的要因に左右される部分が加速していることも、大きな不安材料となっている。アメリカの金利政策、中東情勢の変化などにより円相場が激しく乱高下し、景気動向が左右される。円高・ドル安、ドル高・円安の波が突然やって来、翻弄《ほんろう》され続けるということである。すでに、こうした傾向は顕著である。また、避けようもない。現在の「北朝鮮リスク」で、市場が神経質な展開となるのがいい例である。

一方で、日本経済は「高齢化」と「人口減」という国内問題を抱えている。今年7月に発表されたＩＭＦ（国際通貨基金）による「対日年次審査報告書」は、「日本は急速な高齢化と労働力の減少に直面し、改善を急ぐ必要がある」と警告した。これは、15歳から64歳までの「生産年齢人口」のさらなる激減、日本経済の衰退危機を見ていることにほかならない。すでに。65歳以上の高齢者人口は推計で3500万人を超えている。また、「生産年齢人口」は、この20年間でじつに1000万人以上の減となっている。〝人手不足〟が、今後ますます企業の生産性を縛ることは言うまでもない。

ために、企業はまま収益が上がっても、とりわけ輸出関連のそれは慎重な経営をよぎなくされて当然で、いくら政府が要望しても設備投資、賃上げに首をタテに振るわけはない。ために、内部留保に傾斜し、例えば昨年度のそれは過去最高の406兆円にも達している。

消費の低迷から抜け出せる目途は立ちにくいという結果になっている。

さらに、安倍晋三政権はいま、「アベノミクス」による金融の異次元緩和、財政出動、成長戦略という「3本の矢」によるデフレ脱却に懸命だ。しかし、物価の低水準が続く中、財政出動には限界があるし、成長戦略の柱たる輸出も世界秩序の変化も手伝い、通商行政は狙い通りにはいかなくなっている。

もっと言えば、ここまできた金融の異次元緩和も、いよいよ限界に近づきつつある。しかし、緩和の〝店じまい〟、すなわち「出口」戦略はまったく見えていない。「出口」に失敗すれば、為替や株式市場をはじめ、国内経済は大ダメージを受けることは言うまでもない。

異次元緩和は、今日すでに約4年半になる。歴史的な低金利の中、金融市場の〝ゆがみ〟

は否定できない。それでは、政府と日銀が目指す「物価上昇率2％」と仮になった場合、どうなるのか。「出口」で、金利を上げねばならない。金利上昇は、借金1000兆円の財政をさらに圧迫する。財政はいよいよ逼迫《ひっぱく》、再建の目途は立たなくなる。

では、日本経済はどう立ち向かえばいいのか。

唯一、残された道は、どうやらＡＩ（人工知能）をはじめとする先端技術の活用といった新たなイノベーション（技術革新）に拍車をかけるしかなさそうだ。先のＩＭＦは、「今後の世界的な格差是正には、経済成長こそがカギになる。そのためにも、イノベーションが不可欠」を打ち出している。ために、政府はいまこそかつての高度経済成長を支えたこのイノベーションにチャレンジすることが肝要だ。しかし、それに向けた技術者養成あるいは支援に力を入れなければならないが、政策的には不十分というのが現実だ。すでに、ＩＴ関係技術者の数は大きく不足し始めている。伴って、中国の科学技術に大きく遅れを取っているのも現実だ。ロケット、航空技術、スーパーコンピューターなど、いずれもその技術に大きく水を開けられている。

加えるなら、現在1700ある地方自治体が、「高齢化」「人口減」から10年後は半減するとの予測もある。〝地方の死〟は日本経済の活力にさらにトドメを差しかねないことも言うまでもないのである。

世界のGDP（国内総生産）比で、日本はアメリカ、中国に次いで、現在3位の座にある。しかし、一人当たりのそれではアメリカ、シンガポール、香港、ドイツに次いで5位と低迷しているのが実情だ。逆に言えば、日本は人口減の中で一人当たりの生産性向上の余地がまだあるということになる。一連の危機管理に対するハラのくくりが定まらなければ、日本経済の先行きはないように思われる。政治家たちの「発想」と「知恵」が、改めて問われるということでもある。

「飽食の時代」の終わりを告げる鐘が、すでに鳴りつつあるようにも思われるのである。

【参考文献】

『戦後世界経済史』（猪木武徳・中公新書）、「エコノミスト臨時増刊号・戦後日本経済史」（毎日新聞社）、『ゼミナール 現代日本の政治経済』（高坂正尭／市村真一・PHP研究所）、『池田政権・一五七五日』（吉村克己）、『佐藤政権・二七九七日』（楠田實）、『田中政権・八八六日』（中野士朗）＝いずれも行政問題研究所＝、『池田勇人とその時代』（伊藤昌哉・朝日新聞社）、『私の履歴書』（大平正芳・日本経済新聞社）、『総理殉職』（杉田望・大和書房）、『戦後宰相論』（内田健三・文藝春秋）、『政治家田中角栄』（早坂茂三・中央公論社）、『頂きに立て 田中角栄とR・ニクソン（上）（下）』（三浦康之・日経BP社）、『歴代総理側近の告白』（鈴木健二・毎日新聞社）、『戦後政治の証言』（宮沢喜一・読売新聞社）、「山より大きな猪」（上前淳一郎・講談社）、『日本の予算を読む』（新藤宗幸・ちくま新書）、「経済往来」（昭和53年7月号・武石和風・経済往来社）、「新潮45」（平成22年7月号、新潮社）。他に、朝日新聞、読売新聞縮刷版。

著者略歴

小林吉弥（こばやし・きちや）

政治評論家

1941年8月26日、東京生まれ。早稲田大学第一商学部卒業。48年に及ぶ永田町取材による的確な政局分析、選挙予測、実力政治家を叩き台にした指導者論・組織論に定評がある。講演、執筆、テレビ出演など幅広く活動。

著書に『田中角栄 心をつかむ3分間スピーチ』（ビジネス社）、『決定版・田中角栄名語録』（セブン＆アイ出版）、『至上の決断力〈歴代全総理大臣が教える「生き残るリーダーシップ」〉』（講談社）、『21世紀のリーダー候補の真贋』（読売新聞社）など多数がある。

高度経済成長に挑んだ男たち

2017年11月1日　第1版発行

著　者　小林吉弥

発行人　唐津 隆

発行所　株式会社ビジネス社

〒162-0805　東京都新宿区矢来町114番地　神楽坂高橋ビル5階

電話　03(5227)1602（代表）

FAX　03(5227)1603

http://www.business-sha.co.jp

印刷・製本　株式会社光邦

カバーデザイン　常松靖史（チューン）

本文組版　茂呂田剛（エムアンドケイ）

営業担当　山口健志

編集担当　佐藤春生

ISBN978-4-8284-1985-5

ビジネス社の本

田中角栄 心をつかむ3分間スピーチ

小林吉弥……著

定価　本体1000円＋税
ISBN978-4-8284-1892-6

あの石原慎太郎氏も舌をまく伝説の演説が甦る。日本中を熱狂させたあの説得術の極意とは？　〝ユーモア〟と〝毒〟たっぷりの厳選「角栄節」66！　いまこそ究極の「説得術」をまなべ！

本書の内容

第1章　田中角栄の「スピーチ教科書」
第2章　田中角栄の「スピーチ実践教室」
第3章　田中角栄の説得術

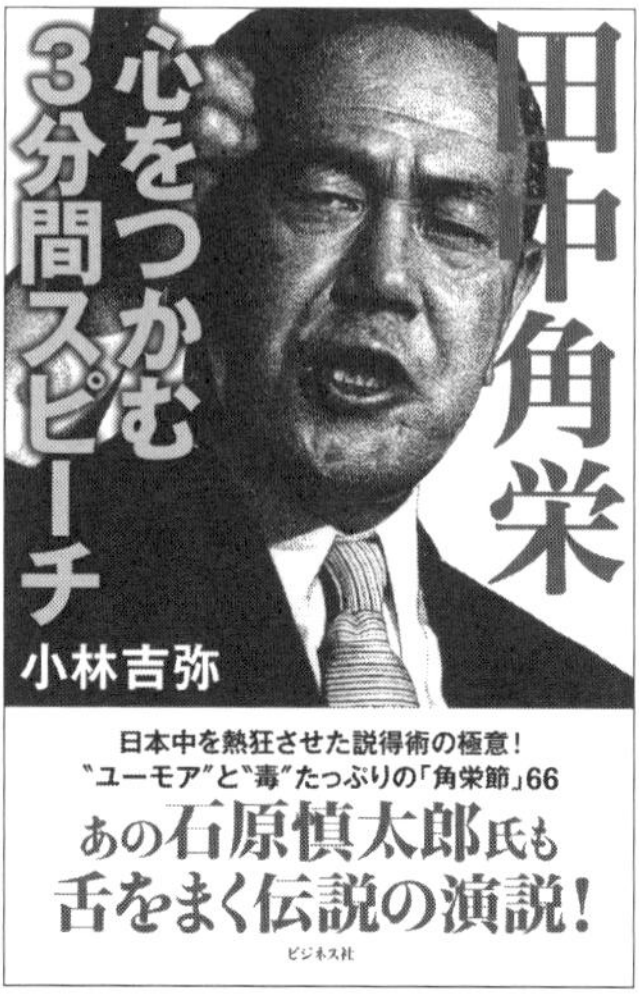

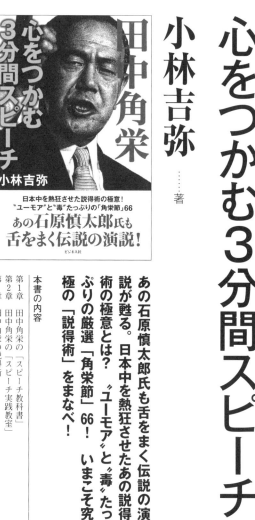